um olho na bola, outro no cartola

ROMÁRIO

um olho na bola, outro no cartola

O crime organizado no futebol brasileiro

Planeta

Preparação: Andressa Veronesi
Revisão: Carla Fortino e Eliana Rocha
Diagramação: Abreu's System
Capa: departamento de criação da Editora Planeta
Imagem de capa: Daryan Dornelles
Pesquisa Iconográfica: Daniela Chahin Barauna

CIP-BRASIL. CATALOGAÇÃO-NA-FONTE
SINDICATO NACIONAL DOS EDITORES DE LIVROS, RJ

F236o
Romário
Um olho na bola, outro no cartola: o crime organizado no futebol brasileiro / Romário. – 1. ed. – São Paulo: Planeta, 2017.

ISBN 978-85-422-1097-2

1. Copa do mundo (Futebol) – Brasil – História. 2. Futebol – Corrupção. 3. Futebol – Aspectos políticos. 4. Futebol – Aspectos econômicos. I. Título.

17-43487 CDD: 796.33406
CDU: 796.332:061.2

Nota da editora: mantivemos a transcrição dos e-mails e documentos ao longo do livro fiel ao texto original, sem alterações ortográficas ou de padronização.

2017
Todos os direitos desta edição reservados à
Editora Planeta do Brasil Ltda.
Rua Padre João Manuel, 100 – 21º andar
Ed. Horsa II – Cerqueira César
01411-000 – São Paulo-SP
www.planetadelivros.com.br
atendimento@editoraplaneta.com.br

Como explicaria a um menino o que é felicidade?
Não explicaria. Daria uma bola para que ele jogasse.

Dorothee Sölle
Teóloga e pacifista alemã (1929-2003)

Aos meus pais, Edevair e Manuela, pelos valiosos ensinamentos.

Aos meus filhos, Moniquinha, Romarinho, Dadá, Rapha, Bellinha e Ivy, com amor.

Ao senador Randolfe Rodrigues, pelo valioso apoio e pela parceria: o jogo não acabou.

A todos os que me ajudaram a concluir esse inquérito parlamentar, em especial às eficientes equipes do meu gabinete e da Secretaria da CPI: valeu, galera.

Aos jornalistas, indispensáveis no trabalho de divulgar notícias sobre o lado oculto do futebol, fora das quatro linhas; muito obrigado.

Ao excelente time de advogados, auditores, técnicos, investigadores, jornalistas e assessores da CPI do Futebol – 2015

Breno Righi
Eluzay Júnior
Ely Maranhão
Flávio Lima
Filipe Maciel
José Cruz
Letícia Alcântara
Marcos Santi
Takao Yoshioka
Vicente Pithon
Wester Santos

pelo profissionalismo e entusiasmo na jornada que cumpriram, muito obrigado.

SUMÁRIO

APRESENTAÇÃO

Randolfe Rodrigues

O País do Futebol sentou no divã nos anos 2015 e 2016 para analisar a gestão desse esporte, febre nacional e mundial.

Por iniciativa do senador Romário, foi criada a Comissão Parlamentar de Inquérito (CPI), destinada a investigar suspeitas de irregularidades na gestão financeira da Confederação Brasileira de Futebol (CBF) e no Comitê Organizador da Copa do Mundo no Brasil, em 2014. Por extensão, a CPI avançou ao caso que ficou internacionalmente conhecido como "Fifagate", que levou à prisão de vários cartolas, entre eles o então vice-presidente da CBF, José Maria Marin.

Graças à corajosa postura do senador Romário, que quando atleta marcava tentos de todo jeito e como parlamentar já iniciava aquele ano com um gol de placa, pudemos trazer para os holofotes da grande imprensa um milionário esquema de desvio de recursos. Esquema esse operado dentro daquela que deveria ser a gestora do futebol e da Seleção Brasileira, mas que, na realidade, se transformou em uma empresa com fins lucrativos, cujas vantagens apuradas foram sistematicamente rateadas entre meia dúzia de falsos dirigentes. Seu nome? Confederação Brasileira de Futebol (CBF).

A organizadora do maior campeonato nacional do planeta, o Campeonato Brasileiro, de eventos de renome como a Copa do Brasil e gestora da Seleção Brasileira foi desmascarada perante a imprensa, o Parlamento e a sociedade graças à iniciativa investigadora da CPI.

Ocorre que, se por um lado vencemos ao trazer o tema para o centro da agenda política do país, expondo dirigentes, federações, pressionando por mudanças necessárias em leis e regulamentos, por outro é forçoso reconhecer que não conseguimos um grande objetivo que tínhamos: pôr na cadeia quem enriqueceu ilicitamente à custa do esporte de maior apelo popular no planeta.

É inegável que o futebol é patrimônio cultural imaterial do povo brasileiro, e isso significa também que é necessário pôr rédeas curtas na classe de dirigentes desportivos, com vistas a que não tratem a CBF como sua propriedade particular, sacando de suas contas bancárias quanto bem entendem e privilegiando contratos com seus maiores financiadores. Esse foi o nosso espírito e continua sendo, tenho certeza.

Nosso relatório paralelo – já que o relator optou por um caminho da conciliação com o crime – tornou-se mais notório do que o relatório oficial. Expusemos fatos que sugerem o financiamento de campanhas eleitorais e outras operações de contratos envolvendo a Seleção Brasileira e suspeitos de desviar recursos da CBF.

Tenho muito orgulho de ter lutado e de permanecer lutando esse bom combate ao lado do senador Romário. Espero, profundamente, que nossa luta não tenha sido em vão e que, ao final, vençamos essa guerra por um futebol de melhor qualidade técnica e com gestões mais transparentes.

Com jogo limpo, todo mundo ganha.

PREFÁCIO

Juca Kfouri

Tenho bem viva na memória a sessão da CPI do Futebol no Senado Federal em que depus. Foi a primeira e está gravada.

Tive dificuldade em chamar o senador Romário Faria (escrever é fácil) de senador, de senhor ou de excelência. Externei a dificuldade e a driblei ao fazer meu depoimento de maneira a evitar tratamento pessoal.

Disse, então, que lá estava apenas porque fui convidado por ele, o presidente, pois não acreditava que chegaria a bom termo.

Expliquei por quê: da CPI faziam parte, entre tantos representantes da bancada da bola, um político como o piauiense Ciro Nogueira, a quem eu vira melar, dezesseis anos antes, a CPI da CBF/Nike, na Câmara dos Deputados.

Uma CPI relatada por Romero Jucá não poderia dar certo, por mais que contasse com a abnegação do presidente e de sua boa equipe.

Até que deu.

Não formalmente, porque o relatório oficial, de Jucá, é um acinte à inteligência nacional.

Mas o relatório paralelo e este livro deram certo, como deu o relatório da CPI do Futebol no começo do século, relatada pelo digno então senador catarinense Geraldo Althoff, em 2001: se não há agora medidas concretas, punições legais, como não houve dezesseis anos atrás, ao menos a opinião pública brasileira tomou conhecimento da podridão dos bastidores de nosso futebol e das entidades e dos cartolas que o comandam.

Soube que os Joões Havelanges, Ricardos Teixeiras, Josés Marias Marins, Marcos Polos Del Neros não eram invenções de jornalistas que os perseguiam.

Você pode achar que é pouco, principalmente se comparar com os gols que Romário fez para culminar no tetracampeonato mundial.

Mas é a tal história, o que se pode esperar desse Senado que tem um Jucá (por favor, não confunda)? Pois ele não teve a desfaçatez de me chamar de xará?

Só faltou me convidar para a suruba que andou propondo um dia desses.

Tape o nariz e leia o livro do agora também escritor Romário Faria. Recomendo apenas que não o faça logo após as refeições.

Você nunca mais vai ver futebol do mesmo jeito.

Trata-se de um documento para a história.

ANTES DE TUDO...

Este não é apenas um livro de memórias de uma Comissão Parlamentar de Inquérito (CPI). É, principalmente, um documento sobre a preocupante realidade da gestão de nosso futebol.

Para início de conversa, destaco que, com minhas críticas, nunca tive o objetivo de enfraquecer ou diminuir a importância da Confederação Brasileira de Futebol (CBF). Reconheço que essa instituição histórica é indispensável na estrutura do esporte para cumprir o seu principal objetivo, que é administrar a Seleção Brasileira, e que, por extensão, é gestora da máquina do futebol profissional.

Com a CPI do Futebol, que presidi, eu queria confrontar os seus dirigentes-delinquentes, dando-lhes a oportunidade de defesa. Mas eles fugiram e silenciaram. Além de assaltarem os cofres do nosso futebol, são covardes.

Vamos aos fatos.

COMEÇA O JOGO

Ainda menino, nas peladas de um campo esburacado na favela do Jacarezinho, onde nasci, ou na Vila da Penha, no Rio Janeiro, aprendi que devemos respeitar as regras do jogo, os companheiros, o adversário e, sobretudo, o torcedor. Foi nesses campinhos de terra do subúrbio, lá pelos meus 11 anos, que comecei a entender sobre o esporte e sobre a vida. Fora das peladas, que eram a minha melhor diversão, eu entregava trouxas de roupa que minha mãe lavava e ajudava meu pai em trabalhos de pedreiro e descarregando melancias, enormes e pesadas, de caminhões lá no Ceasa. De peladeiro infantil passei, em novembro de 1979, a atleta amador, com registro na Federação Carioca de Futebol. E fui em frente.

Depois de uma temporada no Olaria, onde joguei nas categorias menores, comecei a carreira profissional no Vasco da Gama, em 1985, quando eu tinha 19 anos. Cheguei ao time titular pelas mãos do técnico Antônio Lopes. Atuei em 196 jogos e marquei 139 gols, um desempenho que repercutiu lá fora e chamou a atenção do PSV Eindhoven, da Holanda, para onde fui em 1988 e onde fiquei por cinco anos. Mais uma temporada de artilheiro: 165 gols em 167 jogos. Imaginem se eu treinasse...

No futebol, convivi com o lado alegre e o lado triste do esporte. Vieram as conquistas, os títulos, o sucesso e o carinho dos torcedores. Mas também sofri com derrotas, com os gols desperdiçados – os decisivos, principalmente –, as vaias, os deslizes de cartolas e as inevitáveis frustração e tristeza, próprias de quem é profissional.

Com o tempo, ia assinando contratos cada vez mais valorizados, porque eu sabia fazer o que é "detalhe" no futebol: gol. E observava o dinheiro que girava em torno desse esporte. Era muito, despertando a cobiça e a ambição de quem frequentava estádios fora das quatro linhas do campo.

Eu vinha de uma família humilde, pais trabalhadores – Edevair e Manuela –, e aquele contraste das minhas origens com os meus primeiros anos no futebol mostrava a real diferença entre o pobre e o rico, a carência e a fartura, o peladeiro e o craque, o anonimato e a fama. E foi assim que saí para o mundo do futebol, carregando sempre a sinceridade – minha marca registrada – e a vontade de vencer.

Na prática, saí da dificuldade para "trabalhar" num negócio que já conhecia desde garoto e que eu fazia por diversão, sempre com um prazer enorme: jogar bola.

Falando sobre isso, lembro de Nilton Santos, bicampeão mundial (1958 e 1962), a "Enciclopédia do Futebol". Quando assinava um novo contrato com o seu Botafogo – único clube pelo qual atuou –, ele costumava dizer: "Eu faço o que gosto, e ainda me pagam".

E Nilton Santos, que morreu em 2013, aos 88 anos, era isso, entrega total ao futebol.

Claro que aí tem muito de poesia, de idealismo esportivo e amor ao clube. Eu era de outra época, de outra realidade profissional, de uma geração de jogadores que atraía patrocínios e interesse da televisão – fundamentais para ajudar a valorizar a imagem do futebol. Um valor comercial, já no contexto de "negócio". Como dizem os especialistas em marketing, "o esporte provoca emoções, e emoções vendem". E eu estava nessa jogada.

Foi quando observei que o meu estilo de jogo e os gols que fazia contribuíam para levar mais torcedores aos estádios e patrocinadores para o clube pelo qual atuava. Acabei me tornando personagem de um negócio gigantesco, a máquina do futebol. Mas, além do talento que Deus me deu para o "jogo da bola", eu tinha curiosidade sobre os bastidores milionários daquele mundo.

Fui em frente e me realizei como jogador, enquanto percebia que havia muita coisa estranha, principalmente nas relações entre os cartolas. Aos poucos, tomei consciência de que o jogador tinha a obrigação de lutar para tentar mudar aquela situação. Foi esse incentivo que, também na pós-carreira de atleta, me levou ao mundo da política e – seis anos depois da minha entrada no Legislativo federal – a presidir uma CPI do Futebol, tema central deste livro.

O tempo passava e, em campo, eu me consagrava como artilheiro, até ser chamado para a Seleção Brasileira, em 1987, graças à confiança do técnico Carlos Alberto Silva. Ali vivi momentos inesquecíveis de alegria e tristeza com os meus companheiros. Apesar da minha boa fase e da excelente qualidade técnica da Seleção, não conquistamos a medalha de ouro nos Jogos Olímpicos de Seul, em 1988. Ficamos com a prata na vitória da Rússia por 2 x 1. Eu marquei o gol de honra. O sonhado ouro viria só vinte e oito anos depois, em 2016, nos Jogos do Rio de Janeiro, já na geração do artilheiro Neymar.

Em 1989, quando completei 23 anos e jogava no PSV, na Holanda, fui convocado pelo técnico Sebastião Lazaroni para os jogos da Copa América no Brasil. Fazia quarenta anos que nossa Seleção não ganhava a competição, e a Seleção estava desacreditada, pois vinha de derrotas em amistosos pela Europa: Dinamarca 4 x 0 e Suíça 1 x 0.

Nos primeiros jogos da Copa América, em Salvador, ganhamos da fraca Venezuela por 3 x 1 e empatamos em 0 x 0 com a Colômbia e também com o Peru. A situação era muito ruim, o time não rendia, e as vaias vieram. Foi então que senti na pele uma lição que iria se repetir ao longo da minha carreira e da minha vida.

Todo mundo, por mais talentoso, por mais famoso que seja, vai passar por momentos difíceis na vida. Ninguém sai do mesmo tamanho quando passa por uma dificuldade. Ou você cresce, ou encolhe. No meu caso, se eu encolhesse seria um desastre. Era preciso agir, e apliquei o que já tinha aprendido na teoria do futebol:

A diferença não é o tamanho do problema nem os recursos que você tem, a diferença é a sua atitude.

Quando algo vai mal, a tendência é tentar achar um culpado, arrumar uma explicação. Mas, em vez de focar em culpas e desculpas, você pode se perguntar: que lição eu posso tirar desse aperto? O que é que a vida está querendo me mostrar? Eu não posso mudar ninguém, mas posso mudar a mim mesmo, e, se eu mudar a minha atitude, esse problema não voltará mais.

E foi isso que aconteceu com aquela Seleção de 1989. Boa parte dos que estavam no grupo já se conhecia de outras convocações, como Taffarel, Müller, André Cruz, Giovani, Bebeto e Valdo. Por isso, o diálogo era mais fácil. Nas reuniões, ficava claro o compromisso de maior dedicação para se chegar às vitórias e reconquistar a confiança dos torcedores. Na época, a imprensa inventou que eu e o Bebeto vivíamos brigando. Não era verdade, mas havia certa rivalidade. Ele era ídolo do Flamengo e eu do PSV. Enfim, se a Seleção quisesse vencer, precisaríamos estar afinados. O objetivo do grupo era mais importante que o estrelismo individual.

Foi assim que tomei a tal "atitude" e decidi ir ao encontro de Bebeto, disposto a quebrar o gelo e ter uma boa conversa. Nós fazíamos a dupla de ataque da Seleção e queríamos marcar gols, claro. Disse a ele que a gente precisava se entender, acabar com aquela disputa que servia para alimentar os noticiários. Depois de um bom papo, zeramos as vaidades e criamos uma amizade que dura até hoje. E, na prática, fortalecemos uma parceria na Seleção Brasileira cujo desempenho nos levaria à conquista da Copa do Mundo de 1994.

O acerto com Bebeto repercutiu já na etapa seguinte da Copa América, em Recife, quando demos um show: ganhamos por 2 x 0 do Paraguai e avançamos ao quadrangular final. As vaias desapareceram, e o técnico Sebastião Lazaroni e a torcida, enfim, passaram a acreditar naquele time.

Do Recife fomos para o Rio de Janeiro, com jogos no inesquecível Maracanã. Lá, o time engrenou mesmo: eliminamos a Argentina por 2 x 0 e o Paraguai por 3 x 0, garantindo vaga na final contra o Uruguai, o fantasma da Copa de 1950. Chegamos confiantes à decisão, não podíamos decepcionar outra vez. E assim foi. Eu fiz o único gol da partida e conquistamos o quarto título da Copa América.

O mais importante naquela campanha foi que o torcedor voltou a acreditar na Seleção Brasileira. Transformamos as vaias em aplausos. Lembranças assim permitem afirmar que há motivos de sobra para eu me orgulhar de minha carreira.

Mas, enquanto estávamos em campo, dirigentes e outras pessoas que nem sequer sabiam chutar uma bola ganhavam dinheiro espertamente à custa do meu trabalho e também dos meus companheiros de equipe. Era possível perceber isso em cada transação que eu acompanhava. Nada contra o mercado do futebol ou o "negócio futebol", mas havia algo muito estranho por trás das transações, e eu, ainda novato, precisaria de tempo para entender.

Atletas, a base do esporte

Mesmo antes de me profissionalizar eu já tinha consciência de que o atleta é fundamental para o esporte. Sem atleta não há clube, disputas, campeonatos; não há federação, confederação, cartola, patrocinador, jogo, torcedor, estádio, crônica, indústria esportiva, juiz, bandeirinha, gandula, justiça esportiva, pipoqueiro na frente do estádio, TV, nada!

O atleta é a base da pirâmide do esporte. Por ser indispensável em qualquer modalidade, é, também, a sustentação desse negócio bilionário e apaixonante. Se tirar o ator principal da jogada, o negócio desmorona, desaba.

Estive nessa estrutura por vinte e três anos como profissional. Atuar na base da pirâmide me deu conhecimentos, despertou curiosidades e me incentivou a buscar, bem mais tarde, respostas às minhas dúvidas sobre os suspeitos negócios da bola.

Essa estrutura de pirâmide é, em tese, o que o Bom Senso F.C. tenta mostrar à categoria dos jogadores de futebol. Criado em setembro de 2013, o Bom Senso F.C. apresentou-se como "o movimento de quem joga, torce, apita, de quem transmite e patrocina". É a tal cadeia do futebol em que o atleta é o ator maior.

Foi nesse ambiente que me criei e pratiquei futebol. E, em 1994, na cidade de Pasadena, nos Estados Unidos, beijei a taça pelo título mundial que ajudei a conquistar.

Naquela Copa, eu e Bebeto voltamos a nos entender muito bem. Na final, depois da vitória sobre a Itália, nos pênaltis, houve um momento de euforia. Soltamos um grito que estava engasgado desde 1970, no tricampeonato do México. Foi uma festa que o torcedor esperou por longos vinte e quatro anos, seis edições da Copa do Mundo. Enfim, éramos tetracampeões, numa campanha em que marquei cinco gols e fui escolhido o melhor jogador. Dirigida por Carlos Alberto Parreira e com coordenação técnica de Zagallo, aquela Seleção entrou para a história do nosso futebol.

Na volta ao Brasil paramos em Recife e em Brasília. Festas e mais festas. Na capital da República, fomos recepcionados no Palácio do Planalto pelo então presidente Itamar Franco. Ainda me emociono ao me lembrar daqueles momentos. Antes mesmo de o avião estacionar no pátio do Aeroporto Juscelino Kubitschek, eu tive a ideia de abrir a janela da cabine do piloto e balançar a bandeira do Brasil para a torcida que nos aguardava. Acho que a gente quebrou todas as regras de segurança da aviação civil, mas foi um momento de muita emoção, e rendeu uma imagem que correu o mundo. Eu tinha 28 anos, e ali senti que estava no auge da minha carreira. Aquela foto me colocou na capa de dezenas de revistas, internacionais, inclusive. De braços abertos, eu parecia o Leonardo DiCaprio no *Titanic*, no topo do mundo! O comandante do voo que nos trouxe ao Brasil foi Marcos Saeger, que na

Copa de 2014 voltou a pilotar o avião da Seleção Brasileira. Depois daquele ato de euforia, as normas da aviação foram reforçadas para proibir quaisquer tipos de manifestações na cabine do piloto. Valeu, comandante Marcos, o nosso tempo foi muito bom.

Pelo meu desempenho e pelos gols que marquei, eu sabia que tinha dado uma contribuição importante para a alegria e a autoestima do meu país na conquista da Copa de 1994. O que eu nem imaginava era que, num futuro distante, seria chamado a participar em uma área na qual não tinha nenhuma experiência: política. E o engraçado é que na festa do tetra, no Palácio do Planalto, eu estava de gravata, com o uniforme de gala da Seleção. Alguns anos depois, Brasília seria a minha segunda casa, e o terno e a gravata as vestimentas na minha rotina no Congresso Nacional.

No mesmo ano da conquista da Copa do Mundo, me tornei o primeiro brasileiro a ser escolhido o melhor jogador da temporada, jogando pelo Barcelona, e ganhei a Bola de Ouro FIFA. O prêmio ficou mais valorizado porque disputei com o italiano Roberto Baggio e o búlgaro Hristo Stoichkov. Até hoje sou o único a ganhar os dois principais prêmios na mesma temporada: melhor jogador da Copa e a Bola de Ouro. Consagrado, retornei ao Brasil contratado pelo Flamengo.

Minha passagem pelo Barcelona, de 1993 a 1995, foi muito boa. Logo no primeiro jogo, em Camp Nou, marquei todos os gols na vitória de 3 x 0 sobre a Real Sociedad. E todos com passe de Pep Guardiola, que posteriormente se revelou prestigiado técnico em clubes europeus.

Do "Barça", tenho ótimas lembranças, principalmente de minha convivência com o técnico Johan Cruyff, o melhor que tive em toda a minha carreira. Fiquei triste quando soube da morte dele, em março de 2016. Eu era o único jogador da equipe vindo de fora da Europa, e Cruyff sabia lidar com isso concedendo-me dois ou três dias a mais nas folgas, para eu vir ao Brasil de vez em quando. Claro que ele era recompensado, porque, em campo, eu fazia aquilo de que o time precisava: gols. Em 84 jogos no Barça, marquei 53 vezes. Para esse desempenho tive um excelente companheiro de ataque, o búlgaro Hristo Stoichkov, que foi artilheiro da Copa de 1994 ao lado do russo Oleg Salenko, com seis gols cada.

O temperamento de Stoichkov era difícil, mas a gente se entendia, porque conversávamos muito e dávamos o recado em campo. Destoávamos na altura; eu com 1,67 m e ele com 1,78 m. Mas, com a bola nos pés, sabíamos como chegar ao gol. E marcar, claro. Demos muita alegria àquela maravilhosa torcida.

Lembro que Stoichkov e Cruyff foram parceiros também fora do gramado. Eles estavam na maternidade de Barcelona quando, em 1993, nasceu meu segundo filho, Romarinho. Naquela época, Moniquinha, que nasceu na Holanda, estava com 3 aninhos. Com essas parcerias eu compensava a saudade do Brasil. Além disso, jogava num time com a fama do Barcelona e tinha Cruyff e Stoichkov como os principais amigos. Por isso posso afirmar que o Barça foi o melhor clube em que joguei na minha carreira no exterior. E, para que não fiquem dúvidas, aquele time era melhor do que o de hoje, principalmente porque os adversários também eram bem mais fortes do que os de agora.

Do Barcelona voltei para o Flamengo por mais duas temporadas (1995 e 1996) e em seguida retornei à Espanha, dessa vez para jogar no Valência, mas por pouco tempo: apenas 21 jogos e 14 gols. Foi o suficiente para consolidar a Espanha na rota das boas lembranças de minha carreira profissional.

Encerrando esses rápidos comentários sobre a minha carreira: saí da Seleção com 55 gols, o terceiro maior artilheiro até agora, atrás de Ronaldo, com 62, e Pelé, 77. Mas Neymar está chegando. Em março de 2017, quando a Seleção fez 3 x 0 sobre o Paraguai e garantiu a classificação para a Copa da Rússia, Neymar estava com 52 gols. O moleque é bom!

Chegou a hora, parei!

Em 25 de março de 2007, cheguei ao gol 999, na vitória do Vasco sobre o Flamengo (3 x 0), no Maracanã. A partir daí muitos torcedores passaram a me seguir em todos os jogos para não perder o feito histórico do milésimo gol. Não só eles, mas repórteres brasileiros e estrangeiros. Afinal, quantos jogadores chegaram a essa marca? Antes de mim, só Pelé.

A expectativa era enorme e, para mim, começou a virar angústia, pois já se passavam quatro jogos sem que eu marcasse. Foram 360 minutos de espera e, enfim, o gol 1.000. Foi em 20 de maio de 2007, de pênalti, contra o Sport Recife, no estádio de São Januário, pelo Campeonato Brasileiro. Quem pagou o pato foi o goleiro Alessandro Beti Rosa, o "Magrão", que, em 21 de abril de 2015, completou dez anos e 600 partidas defendendo o Sport Recife. Com esse belo perfil profissional Magrão valorizou ainda mais o meu feito histórico.

Com essa meta alcançada e chegando aos 41 anos, fiz mais uns jogos e desacelerei, orgulhoso de minha contribuição para o futebol bem jogado e por ter levado muita alegria aos torcedores.

Finalmente, em 14 de abril de 2008, no lançamento de um DVD sobre a minha carreira, anunciei oficialmente a aposentadoria do futebol profissional. A despedida foi rápida:

> Pensei, repensei e decidi parar. Depois de seis meses sem jogar, está difícil voltar para jogos oficiais. É hora de dizer "parei". Oficialmente não jogo mais. Parei. Minha fase passou. Tenho consciência de que tudo foi muito divertido.

A partir de então, tive algumas iniciativas, como projetos sociais que contemplavam o futebol. Era uma ação pontual, um projeto piloto com alcance limitado que não prosperou. Também colaborei com a diretoria do América Futebol Clube, o "Ameriquinha", diminutivo carinhoso do querido clube carioca, do qual aprendi a gostar e para o qual aprendi a torcer, incentivado por meu saudoso pai. Fui para lá tentar ajudar, em homenagem ao "Velho". Acreditava que, de onde ele estivesse, aplaudiria aquele gesto de colocar um pouco de meu prestígio e conhecimento sobre futebol a serviço do clube para o qual ele havia torcido com paixão.

Time dos sonhos

Volto alguns anos, para 2005, quando minha vida fora do futebol deu uma guinada espetacular.

Depois de cinco filhos – Moniquinha, Romarinho, Dadá, Rapha e Bellinha – fui premiado com mais um presente, especial e maravilhoso. De minha relação com Isabella nasceram duas filhas, Isabella, a Bellinha; e Ivy, a Princesa, que me provocou um impacto nunca vivido. Ivy chegou com olhinhos puxados, bochechas gordinhas e um sorriso doce e já me ensinando que eu tinha algo de especial para amar. Ivy nasceu com Síndrome de Down. E agora? Como eu agiria diante de uma filha com Down?

Pelo carinho de Ivy fui logo entendendo que a principal diferença de uma pessoa com Down é que ela vive num permanente mundo de amor. Esse entendimento veio depois de horas de isolamento e de conversas íntimas em meu silêncio, além da convivência com minha Princesa. E concluí: eu, que em várias ocasiões fora decisivo em importantíssimas partidas de futebol, não poderia decepcionar em família, diante de um novo desafio.

Papai do Céu estava me testando em uma nova missão, porque, com Ivy, nascia uma nova paixão.

Ivy veio sem "manual de instruções", como dizem as mamães de primeira viagem. Todas as ações e reações dela eram novidades que me desafiavam e me colocavam em um aprendizado constante, até hoje, quando ela já está com 12 anos, vaidosa, alegre e faceira. Sem exagero, Ivy zerou meu jogo. Ela me incentivou a enxergar que havia novos sonhos, e eu comecei tudo de novo.

À medida que Ivy crescia, a ficha dessa realidade ia caindo, até eu chegar à conclusão de que ela veio para acrescentar algo à minha vida. Acrescentou emoções, também, justamente o sentimento que me acompanhou em toda a minha carreira profissional.

No livrinho* que conta a sua história há um depoimento dela que me enche de orgulho: "Sou uma espécie de musa inspiradora do meu pai". Por conta dessa maturidade, posso afirmar que me tornei uma pessoa mais alegre e feliz, além de entender melhor as pessoas e os seus dramas.

Atualmente, após doze anos dessa convivência, acredito que, ainda na sua inocência juvenil, Ivy colocou a Síndrome de Down na pauta da mídia, e isso ajuda, aos poucos, a mudar a forma como as pessoas enxergam essa questão. Sua estrela brilha muito além do seu ciclo familiar, e é essa luz que também vem me guiando há algum tempo. Enfim, Ivy me colocou no eixo correto.

Assim como eu sonhei ser famoso nos campos de futebol, agora é a minha vez de acompanhar Ivy nos seus sonhos ainda de

---

* LOPES, Angélica. *O mundo da Ivy: 11 anos de uma downzinha muito feliz.* Rio de Janeiro: ZIT Editora, 2016.

menina. Como escrevi no livro que narra sobre o seu mundo, ela precisa saber que ter Down não a faz diferente. O que a faz diferente é ser a Ivy, a filha do Romário e da Isabella, irmã da Bellinha, do Rapha, da Dadá, do Romarinho e da Moniquinha. Ou seja, todos somos diferentes.

Dos filhos, Moniquinha foi a primeira a nascer, em 1990, em Eindhoven, na Holanda, quando eu jogava no PSV. Foi um momento muito rico de minha carreira e vida afetiva. Eu tinha apenas 24 anos. Moniquinha me inspirou a ter outros filhos. Não sabia que ser pai era tão bom. Em Barcelona nasceu o primeiro homem, Romarinho, hoje com 23 anos, já profissional do futebol. Danielle, a Dadá, agora com 20 anos, também gosta de futebol, seu esporte favorito. Raphael, o Rapha, tem 15 anos. Destaque na escola, ele é o "intelectual" da galera. E a penúltima a nascer desse meu time dos sonhos foi Isabella, a Bellinha, hoje com 14 anos. Natural de Genebra, a "Magrela" tem jeito de modelo, carreira que começa a curtir. Mas é do tipo marrento! De quem será que ela herdou esse traço?

À medida que Ivy crescia, eu a acompanhava em passeios, à fonoaudióloga, sessões de fisioterapia, escolinha, praia, aulas de dança e almoços em restaurantes, que ela adora. Aos poucos fui me adaptando à realidade daquele mundo – que é a de 300 mil pessoas no Brasil, segundo dados do IBGE de 2010.

Quando tomei contato com esse universo, veio um questionamento óbvio que me balançou: e quem não tem a assistência e os apoios especiais que posso garantir à minha filha? Como essas pessoas se viram? Como crescem? Como a sociedade os acolhe? Acolhe?

A resposta a essas dúvidas estaria na minha atuação no Congresso Nacional, onde cheguei como deputado federal pelo PSB, em 2011, eleito por 146.859 votos, início de minha carreira parlamentar.

Eu acreditava que na política poderia contribuir para a elaboração de leis, principalmente para beneficiar a população atingida por problemas graves de saúde, mas sem assistência adequada dos órgãos públicos. O panorama dessa realidade é muito triste no Brasil. E Ivy foi a grande motivadora para essa minha mudança radical, dos campos de futebol para o cenário político. Dos uniformes, agasalhos dos clubes e chuteira para o terno e gravata em sessões nem sempre sinceras e tranquilas. Das preleções dos técnicos nos vestiários para as reuniões partidárias cheias de protocolos, questões de ordem, debates, acordos, discursos e votações em plenário e nas comissões temáticas.

Como político, eu teria a oportunidade de retribuir tudo o que o futebol havia me proporcionado. E o Legislativo seria o ambiente adequado para isso.

Desafios parlamentares

Em 2011, desembarquei em Brasília para cumprir quatro anos de mandato como deputado federal pelo PSB, com duas prioridades na agenda: apresentar projetos de leis e agilizar a tramitação dos que já tratavam de temas de interesse das pessoas com deficiência, doenças graves e raras e trabalhar pela modernização da gestão do futebol. Entendo que o Estado não deve se meter nos negócios da iniciativa privada, mas também não pode fechar os olhos aos abusos sobre os nossos patrimônios, como o futebol, em geral, e a Seleção, em particular.

Políticos amigos alertaram-me que na Câmara eu enfrentaria um poderoso *lobby* da CBF contrário aos interesses da gestão do futebol "limpo". Mas, desde criança, nas dificuldades da casa dos meus pais, convivo com os desafios, agora novos e, lamentavelmente, que envolvem a entidade maior da minha antiga profissão, a CBF.

Nos quatro anos como deputado federal, de 2011 a 2014, aprendi muito sobre os bastidores do Legislativo, como funcionava o diálogo político e, principalmente, a forte pressão da CBF sobre os parlamentares. Pressão que não é da "Bancada da Bola", como indevidamente foi chamado o grupo que se alinha às questões sujas do futebol, mas da "Bancada da CBF" – ou dos "Cartolas" –, aí, sim, com apoios suspeitos que relato neste livro.

A propósito, a bola de futebol não merece tal definição, que soa pejorativa. Por sua natureza é instrumento de alegria para bilhões de pessoas pelo mundo, independentemente de idade, raça ou religião, sejam ricos ou pobres, brancos ou negros, homens ou mulheres. É o instrumento de disputas em valorizados eventos entre craques, em descomprometidas peladas de fins de semana ou na correria da garotada, no meio da rua ou no campinho do bairro.

A bola tornou-se símbolo universal de um esporte com idioma comum entre os povos e de uma "religião" sem fronteiras, o futebol.

A bola, enfim, soa poesia, como sintetizou a teóloga e ativista política alemã Dorothee Sölle (1929-2003) ao ser indagada sobre como ela explicaria a um menino "o que é felicidade"?

"Não explicaria. Daria uma bola para que ele jogasse", disse ela.

Portanto, quem se alinha à "Bancada da Bola" no Congresso Nacional está com boas intenções, ao contrário dos que exploram o futebol em ações ilegais para dele se beneficiar. Para esses o espaço é outro, a "Bancada da CBF" ou dos "Cartolas". E, se quiserem, a "Bancada dos 7 x 1", como batizei o grupo dos que resistem às inadiáveis mudanças na gestão e na transparência dos negócios do futebol brasileiro.

CBF, REALIDADE E FARSA

Algum tempo depois de me tornar profissional, observava pelo noticiário que a CBF continuava sendo alvo fácil e constante da cobiça de inescrupulosos cartolas. Eles enxergaram na entidade um meio de ganhar dinheiro de forma fraudulenta, ilegal. Eu não estava enganado. Da análise do que li e dos documentos obtidos pela CPI, conclui que, com o tempo, a CBF foi capturada por uma organização criminosa de várias vertentes, com braços operacionais, inclusive, na política. Essa organização se valeu de alguns recursos para drenar o dinheiro do futebol.

Até a década de 1980, o futebol profissional recebia subvenções do Estado, como o fundo esportivo, vindo das loterias federais. Mas, em 1989, Ricardo Teixeira, ao ser eleito presidente da CBF, renunciou a todas as verbas e subvenções estatais. Com isso, deixou claro que pretendia fugir da fiscalização oficial e ampliar suas receitas para as verbas publicitárias, seguindo a escola de seu ex-sogro, João Havelange (1916-2016), na presidência da FIFA.

À medida que a Seleção Brasileira ganhava prestígio e posições no ranking mundial, as volumosas verbas publicitárias revelavam-se um valioso escape para as falcatruas e desvios de objetivos das receitas da CBF.

Sem fiscalização externa, porque é uma instituição privada, os contratos com os patrocinadores escondem realidades que ainda se desconhecem. E, como frisou o jornalista Lúcio de Castro, em depoimento à CPI do Futebol – 2015, "por vezes os contratos em si não têm irregularidades, porém nas (cláusulas) intermediárias – como, agências de marketing – existem diversas (fraudes)". Nas investigações da CPI, confirmou-se que é por meio da cobrança de propinas que o esquema se abastece, como revelo no item em que trato do *modus operandi* criminoso na gestão da CBF.

A verdade é que, ao longo dos anos, as técnicas do futebol e os esquemas do jogo evoluíram; os uniformes ficaram mais leves e confortáveis aos jogadores, a bola pesa menos, o gramado é infinitamente melhor e a preparação física e a recuperação dos atletas têm o apoio de equipamentos eletrônicos de última geração. Por conta de tudo isso a audiência do futebol cresceu e, claro, as verbas publicitárias e de TV se tornaram mais atrativas. Porém, os métodos da gestão do esporte – do futebol, em especial – se mantiveram viciados, suspeitos, corruptos, com cartolas da CBF à frente e raríssimas modernizações para se destacar nos clubes.

Sobre esse universo, volto no tempo e recupero uma informação para que o leitor conheça melhor o submundo do futebol profissional e entenda a filosofia que norteou o pedido da CPI que presidi.

No ano da Copa América de 1989, uma importante mudança ocorria na CBF. Assumia a presidência Ricardo Teixeira, genro de João Havelange, então o todo-poderoso presidente da FIFA. Havelange já havia sido presidente da CBD (Confederação Brasileira de Desporto), por dezessete anos, entre 1958 e 1975. Com o tempo, a CBD deu origem à CBF, mas os personagens estavam em família. Em 1974, Havelange foi presidir a FIFA, onde ficou por vinte e quatro anos, até 1998. Comandou seis edições da Copa do Mundo e só deixou o cargo porque foi obrigado a renunciar, atingido por escândalo de corrupção que já estava sendo investigado pelo Comitê de Ética da própria FIFA.

Ricardo Teixeira casou aos 19 anos com a filha de João Havelange, Lúcia. Atuou um tempo no mercado financeiro, quando vislumbrou outra forma de ganhar dinheiro: fazendo trapaças no futebol. Assim, em 1989, foi eleito presidente da CBF, mais pelo prestígio de seu sogro do que por competência no assunto ou capacidade gerencial.

Ricardo Teixeira permaneceu na CBF por vinte e três anos, e só saiu em 2012 porque, dois anos antes da Copa no Brasil, vieram à tona escândalos de corrupção que o envolviam, conforme denúncias do Comitê de Ética da FIFA.

Essa longevidade no mesmo cargo é característica da máfia que se formou na CBF: são chefões que assumem a cadeira presidencial por décadas e ali usam o prestígio da Seleção Brasileira para comprar aliados, conquistar políticos e esmagar desafetos. Assim tivemos Havelange, que colocou Teixeira, seu genro, na CBF, e Teixeira, que nomeou Joana, neta de João Havelange, no Comitê Organizador da Copa de 2014, do qual ele era, também, o presidente.

Sobre mandatos de cartolas que ficam grudados às suas cadeiras, lembro uma citação do senador Cristovam Buarque, em um debate na Comissão de Educação, Cultura e Esporte do Senado Federal:

> O longo prazo dos dirigentes no mesmo cargo provoca o desprezo às bases. Cria o sentimento de que o dirigente é o dono, o proprietário do que dirige, acostuma-se aos erros, o que dificulta a luta contra a corrupção. Dirigente é uma função, e não uma propriedade.

Mudanças e mesmices

Em 2012 ocorreu mais uma mudança na CBF. Pressionado por denúncias de envolvimento em corrupção milionária, resultado de uma investigação do Comitê de Ética da FIFA, Ricardo Teixeira renunciou ao cargo de presidente da CBF e colocou no seu lugar José Maria Marin, um aliado, é claro.

Marin é um velho conhecido da política brasileira. Foi vice-governador de São Paulo (1979-1982) na chapa de Paulo Maluf, sempre mantendo relações próximas com os militares da época. O cartola virou chacota quando roubou uma medalha destinada aos jogadores do Corinthians, durante a premiação da Copa São Paulo de Futebol Júnior, em janeiro de 2012. O fato foi registrado pelas televisões, e Marin passou a ser conhecido como "Zé das Medalhas".

Em 2013, Marin voltou a aprontar. Ele fez um "gato" para roubar energia elétrica de um vizinho, em um condomínio de luxo onde morava, conforme relembrou o jornalista Juca Kfouri, por ocasião da primeira audiência da CPI do Futebol. Há provas desse episódio, garantiu o jornalista, que registrou o fato em seu blog, em fevereiro de 2013.* O que se pode concluir de alguém que apoiou a ditadura militar, roubou medalha de atleta e energia de vizinhos e acaba chegando à presidência da CBF?

Ao relatar esses fatos, lembro que, convidado, apertei a mão de José Maria Marin numa reunião na Câmara dos Deputados, em 2012. A imprensa noticiou que a cartolagem havia conquistado o meu apoio, dois anos antes da Copa do Mundo no Brasil. Mas isso ocorreu quando eu já trabalhava para ter uma CPI do Futebol na Câmara Federal.

O encontro com o cartola foi numa reunião da Comissão de Esporte. Marin, que havia pouco substituíra Ricardo Teixeira na presidência da CBF, discursou diante de um plenário lotado. E comoveu a muitos ao afirmar, emocionado e quase em lágrimas: "Estamos construindo uma grande obra. É a construção de uma Seleção que está se formando. A Seleção vai transformar em grande alegria a tristeza que tivemos há sessenta e dois anos".

O cartola referia-se à derrota para o Uruguai, na Copa do Mundo de 1950, no Maracanã, e à promessa de uma campanha exemplar do Brasil na Copa do Mundo de 2014. Em seguida, dirigiu-se a mim: "Gostaria de contar com o consagrado ex-jogador para ajudar a conquistar a medalha de ouro olímpica (nos Jogos de Londres de 2012). Não vamos esperar por 2014, junte-se a nós agora, deputado Romário".

Acreditando numa nova era na CBF, cheguei a ver sinceridade naquelas lágrimas, motivando-me a responder, de bate-pronto: "Conte com o meu apoio!".

Com aquela manifestação, quis demonstrar que minhas críticas de então não eram de uma oposição sistemática, mas que eu também sabia dar crédito a quem chegava com boas propostas.

---

* Fonte: <http://blogdojuca.uol.com.br/2013/02/o-gato-de-jose-maria-marin>.

Acreditei. Eu estava disposto ao diálogo. Mas o tempo passou, e eu nunca recebi convite para conversar, para uma troca de ideias, sugestões, nada. Nunca mais me encontrei com esse sujeito. Marin, estava claro, era mais do mesmo.

Como a CBF agrada os poderosos

Afinal, por que, ao longo de anos, deputados e senadores se tornam obedientes a uma instituição privada, a CBF, a ponto de tentar evitar investigações de denúncias de corrupção nas suas ações, mesmo quando há evidências reais de crimes?

Por que, apesar da prisão pelo FBI de um ex-presidente, José Maria Marin, do afastamento e do indiciamento de outro, Ricardo Teixeira, e do indiciamento do atual, Marco Polo Del Nero, todos acusados de atos de corrupção internacional, políticos de vários partidos protegem a cartolagem criminosa?

Por que, mesmo diante de tantos indícios de ilegalidades, a CBF instala uma verdadeira "sucursal" dentro do Congresso Nacional?

Há vários motivos para essa blindagem política, que não é de hoje. Vou explicar.

A aproximação de cartolas dos parlamentares ganhou força nos primeiros debates sobre a Lei Pelé, nº 9.615, sancionada em 1998. Foi quando a CBF mais patrocinou campanhas eleitorais, como revela o relatório da CPI da CBF/Nike, de 2001, presidida pelo então deputado Aldo Rebelo (PC do B-AL), com relatoria do deputado Silvio Torres (PSDB-SP).

Segundo o livro sobre o relatório daquela CPI,* foram contemplados com verbas da CBF os seguintes candidatos: Antônio Carlos Amorim Júnior, Antônio Delfim Neto, Paulo Cardoso de

* REBELO, Aldo e TORRES, Silvio. *CBF Nike*. São Paulo: Casa Amarela, 2001.

Almeida, Antônio Aquino Lopes, Maurício Magalhães, Carlos Augusto Santana, Darcísio Perondi, José Agripino Maia, Hugo Napoleão, Arthur Henrique Ferreira, Eurico Miranda e Ravena Napoleão do Rego. Todos foram beneficiados na campanha de 1998 ao Legislativo federal.

Depois da sanção da Lei Pelé pelo então presidente Fernando Henrique Cardoso, os cartolas criaram outra estratégia para fortalecer suas relações com os políticos e facilitar o acesso de Ricardo Teixeira às autoridades federais. O atrativo era a sede da CBF, em Brasília: uma luxuosa mansão de dois andares no Lago Sul, área nobre da capital. Conhecida como "Embaixada da Bola", transformou-se em reduto oficial de Ricardo Teixeira, cartola que gostava de ostentar imagem de "estadista", repetindo João Havelange.

O principal programa na mansão era um excelente e bem iluminado campo de futebol *society*, onde eram disputadas "peladas" semanais entre políticos, empresários, assessores parlamentares e influentes personalidades da República e da sociedade brasiliense. Independentemente do resultado dos jogos, a farra terminava com farto bufê, música e bebidas da melhor qualidade, segundo relatos de quem por lá jogou. A disputa por convites para estar na mansão era muito grande. O ambiente em torno do campo era favorável ao diálogo descontraído e, principalmente, à conquista de parlamentares que defendessem as causas da CBF no Congresso Nacional.

Em setembro de 2007, o Brasil conquistou o direito a ser a sede da Copa do Mundo de 2014, e a direção da CBF inovou na estratégia de aproximações e cortesias aos políticos.

Com a Seleção Brasileira cumprindo amplo calendário de jogos, cresceu a distribuição de convites para deputados, senadores e influentes assessores no Congresso Nacional. Em retribuição, os contemplados revelavam-se defensores das causas dos cartolas.

Nessa estratégia, alguns parlamentares eram distinguidos com ingressos para os camarotes VIPs nos estádios onde a Seleção se apresentasse. Estar na área VIP era sinal de prestígio junto à cúpula da CBF e de elevado status esportivo, pois ali também circulavam autoridades da República, a elite dos empresários nacionais e poderosos patrocinadores do futebol em geral.

Era assim, nesses ambientes de luxo e conforto, que os cartolas encontravam terreno favorável para reforçar suas relações políticas ou conquistar adeptos.

As estratégias dos agrados foram se inovando até se tornarem ousadas, com deputados integrando a diretoria da CBF.

Antes de abordar esse assunto, destaco que não sou contra essa dupla atuação, mas a prioridade deve ser, sempre, o mandato parlamentar. Sei que é difícil, mas não é impossível. É preciso lembrar que, para chegar ao Legislativo, deputados e senadores receberam, pelo voto, delegação de representatividade popular. Por isso, devem, antes de qualquer outro compromisso, respeito ao eleitor.

Foi assim que, desde 2014, três deputados federais tornaram-se diretores da CBF, com salários de até 33 mil reais, conforme disse o deputado Vicente Cândido (PT-SP) em entrevista à imprensa*. Ele é o diretor para assuntos internacionais da CBF. Cândido é íntimo de Marco Polo Del Nero, sócio em um escritório de advocacia em São Paulo, e, assim, revelou-se um defensor dos interesses da CBF no Parlamento.

Já em 9 de junho de 2016, ao jornal esportivo *Lance***, vejam o que disse o deputado Cândido:

"Eu estou trabalhando em prol do esporte. Não para a CBF. Ela é a entidade que organiza o esporte. Recebo porque acho que faço jus ao trabalho que exerço. Todo mundo que presta serviço

* Fonte: <http://globoesporte.globo.com/blogs/especial-blog/bastidores-fc/post/deputado-admite-receber-como-diretor-da-cbf-e-nao-ve-problema-em-lobby.html>.

** Fonte: < http:// www.lance.com.br/futebol-nacional/deputado-que-diretor-cbf-nao-revela-quanto-ganha-nota-para-transparencia-entidade.html>.

merece receber salário – afirmou Cândido, nesta quinta-feira, ao deixar a sede (da CBF) José Maria Marin".

Outro parlamentar que se tornou cartola é o deputado Marcus Vicente (PP-ES), vice-presidente da CBF, que chegou a exercer a presidência no impedimento de Marco Polo Del Nero. Ele é um dos parlamentares para os quais solicitei o indiciamento ao final da CPI, devido a evidentes suspeitas de seu envolvimento com a corrupção. Já o deputado mineiro Marcelo Aro, do Partido Humanista da Solidariedade (PHS), ocupa a diretoria de Ética da CBF – como se existisse isso por lá...

A maior parte dos agrados a políticos feitos pelos cartolas ocorreu na gestão de Ricardo Teixeira. O relatório da CPI da CBF/Nike, na Câmara dos Deputados, em 2001, registrou a que ponto chegou o assédio dos dirigentes, extrapolando o ambiente político:

> Em 1998, a CBF levou magistrados à Copa, na França. Pagou as passagens aéreas (classe executiva) e a hospedagem do grupo, além de fornecer ingressos para as partidas da Seleção Brasileira.*

O assédio da CBF sobre os poderes da República evoluiu em 2004, quando Ricardo Teixeira ainda era o presidente da CBF e, na mesma época, José Sarney presidia o Senado Federal. Naquele ano, o empresário Fernando, um dos filhos de Sarney, foi nomeado um dos quatro vice-presidentes da CBF, cargo que ocupa ainda hoje. Os demais vices são Antônio Carlos Nunes Lima, Gustavo Dantas Feijó e Marcus Antônio Vicente, como pode se ler no site da CBF.**

O tempo passou, e o prestígio do representante do clã Sarney junto ao futebol cresceu. Em dezembro de 2015, Fernando foi

* Os detalhes dessa viagem estão na página 111 do relatório da CPI da CBF, que pode ser acessado neste endereço: <http://www.esporte.gov.br/arquivos/cedime/cpiFutebol/camara/relatorioNike.pdf>.

** Fonte: <http://www.cbf.com.br/a-cbf/diretoria/diretoria#.WWaNN4TyuM8>.

empossado no Comitê Executivo da FIFA representando a CBF. Ele assumiu no lugar de Marco Polo Del Nero, que abriu mão do cargo porque evitava viajar para o exterior devido ao seu envolvimento com a corrupção internacional do futebol, como revelou a procuradora-geral da Justiça dos Estados Unidos, Loretta Lynch, em dezembro de 2015. Conforme a imprensa daquela data*, Del Nero e Ricardo Teixeira também estavam entre os nomes denunciados por corrupção na FIFA.

Para a CBF, ter na sua diretoria o filho de um ex-presidente da República, quatro vezes presidente do Senado Federal e, ainda hoje, um dos mais influentes políticos brasileiros, é uma preciosidade que se encaixa na sua estratégia de manter amplo espaço no Legislativo e expressivo domínio sobre deputados e senadores.

Nessa troca de favores, outra ousada investida da cartolagem ocorreu em junho de 2008. O então ministro do Tribunal de Contas da União (TCU), Marcos Vinicios Vilaça, aceitou o convite do amigo Ricardo Teixeira para chefiar a delegação em um jogo da Seleção em Assunção, Paraguai, pelas eliminatórias para a Copa do Mundo de 2010. O TCU é órgão assessor do Congresso Nacional, e, pouco antes de viajar, Marcos Vilaça havia apoiado a criação de um grupo de trabalho para analisar os gastos públicos referentes à Copa do Mundo de 2014.

O ministro Vilaça aposentou-se pouco tempo depois, mas não se podem ignorar as influentes relações entre as autoridades das instituições fiscalizadoras e as fiscalizadas.

Àquela época, Ricardo Teixeira acumulava a presidência da CBF e a do Comitê Organizador Local da Copa. Paralelamente, o

* Fonte: <http://globoesporte.globo.com/futebol/futebol-internacional/noticia/2015/12/caso-fifa-del-nero-e-ricardo-teixeira-sao-denunciados-por-justica-dos-eua.html>.

BNDES e a Caixa financiavam boa parte dos investimentos para o megaevento dos 7 x 1.

A relação de Ricardo Teixeira com o Palácio do Planalto teve um esfriamento no governo de Fernando Henrique Cardoso. Além de não ser fanático por futebol, FHC não queria vincular seu nome ao noticiário policial, pois já pipocavam na imprensa informações de indícios de falcatruas na CBF.

A relação de Teixeira com o Planalto voltou às boas só no primeiro mandato do governo de Luiz Inácio Lula da Silva, em 2003. Quem revela essa aproximação é o jornalista Mário Rosa, em reportagem no UOL ("Entre a glória e a vergonha – Memórias de um consultor de crises").*

Mário Rosa acompanhou Ricardo Teixeira durante a preparação do Brasil para a Copa do Mundo, e na reportagem que publicou há detalhes dos bastidores e de como os políticos se rendem à magia do poder da bola.

É de Mário Rosa o seguinte relato:

> Alguns conselheiros de Lula, já presidente, em 2003, atiçavam o presidente para que mantivesse o cartola brasileiro (Ricardo Teixeira) na geladeira. E assim ficou todo o primeiro ano do governo.
>
> O ponto de inflexão aconteceu no início de 2004. O advogado Antônio Carlos de Almeida Castro, o Kakay, muito amigo do todo-poderoso ministro José Dirceu, marcou um café da manhã em sua casa. Fui com Ricardo, Kakay já estava lá com Dirceu. O gelo foi quebrado.

* Fonte: <http://www.uol/noticias/especiais/mario-rosa-memorias-parte-3.htm#entre--a -gloria-e-a-vergonha>.

> Dirceu criou uma oportunidade política ao mencionar que era interesse do governo brasileiro realizar um jogo amistoso no Haiti, então devastado por uma crise social. Ricardo topou na hora. Foi marcado um encontro entre Lula e o cartola. Já no primeiro contato, Lula foi Lula. Pegou na perna de Ricardo, soltou um palavrão e ficou falando de futebol, uma de suas paixões. A conversa engrenou e, dias depois, o "Jogo da Paz" foi anunciado para Porto Príncipe, capital do Haiti.

Assim, além da Câmara dos Deputados, do Senado Federal e do Tribunal de Contas da União, Ricardo Teixeira tornou-se simpático aos ocupantes do Palácio do Planalto. E o sucesso de um jogo promocional da Seleção Brasileira pela paz, no Haiti, em agosto de 2004, foi decisivo para convencer Lula a apoiar a candidatura do Brasil como sede da Copa do Mundo de 2014.

Trazer a Copa não significava apenas a tentativa de o país alcançar a maioridade no futebol fora de campo, depois da conquista do pentacampeonato mundial. Era a oportunidade de negócios internacionais, contratos com empreiteiras, aumento do número de empregos, visibilidade do país, prestígio político para o governo, incentivo ao turismo etc.

Um estudo da empresa Ernst & Young Terco* projetava, por conta da Copa de 2014, uma injeção adicional de 112,79 bilhões de reais na nossa economia. Mas a realidade dessa história no pós-Copa todos conhecem.

Todas as projeções favoráveis geradas pela Copa no Brasil tiveram, sem dúvida, fortíssima participação política devido às próximas relações dos dirigentes da CBF com influentes personagens

* Brasil Sustentável – Impactos Socioeconômicos da Copa do Mundo 2014. Ernst & Young Terco, 2011.

da República. Nesse panorama, estava claro que os cartolas mandavam – e mandam – fora das quatro linhas também. Cooptaram juízes, a justiça desportiva, alguns clubes, inclusive interferindo em resultados de jogos. Nada disso é especulação, mas fatos, muitos deles descobertos pela CPI do Futebol.

CPI, a primeira tentativa

Quando presidi a Comissão de Turismo e Esporte da Câmara dos Deputados, em 2013, a ação do lobista da CBF, Vandenbergue Machado, já era explícita. Ele agia em contato direto com deputados, mesmo em plenário, e muitas vezes até orientando, ao pé do ouvido, como deveriam votar determinados requerimentos de convocações de cartolas ou certo projeto de lei. Essa interferência externa no Legislativo tornou-se mais intensa quando tentei instalar a CPI da CBF, em 2012.

Depois das exigências regimentais, meu requerimento para a instalação da CPI entrou na fila de espera. Pelas normas oficiais, só podem funcionar cinco comissões de inquérito por ano, e o calendário já estava completo. Além disso, era preciso contar com a boa vontade do presidente da Câmara – Marco Maia, à época –, a quem compete autorizar as CPIs.

Em 2013, segundo ano de meu primeiro mandato parlamentar, a presidência da Câmara mudou: saiu Marco Maia e entrou Henrique Eduardo Alves. Até que tínhamos uma boa relação, mas ele era bem mais amigo da turma da CBF. Vascaíno e ligado a Ricardo Teixeira, Eduardo Alves também contribuiu para não instalar a CPI do Futebol, apesar do apoio e das cobranças da imprensa esportiva.

Dessa tentativa frustrada restou um recorde no Legislativo federal: em apenas 24 horas, consegui as 188 assinaturas – um terço dos 564 deputados – necessárias para pedir a criação de uma CPI.

Afinal, por que eu, um deputado em primeiro mandato, com pouco tempo no Legislativo, queria logo "sentar na janela" da investigação e instalar uma CPI?

Porque, principalmente, os cartolas em que eu estava de olho são os responsáveis pela gestão do maior patrimônio da nossa cultura esportiva, o futebol. E eles agem como os "donos" da Seleção Brasileira, que é a representação do Brasil, ou da "Pátria de Chuteiras" – no dizer do genial Nelson Rodrigues –, em eventos internacionais.

O futebol é um dos mais caros e importantes símbolos de nosso país. Por meio dele somos reconhecidos internacionalmente e irmanados internamente. Por ele nos tornamos mais brasileiros, consolidamos a nossa miscigenação, enaltecemos a nossa herança africana e cultuamos a mistura étnica e racial que nos legou o drible, a catimba, o malabarismo e a ginga que tantos craques brasileiros ofereceram ao mundo. Como já disse, para que essa estrutura e esse envolvimento social pelo esporte existam, é indispensável a participação do nosso patrimônio maior, o jogador de futebol.

A Seleção Brasileira é, sim, uma poderosa "marca registrada" de nosso país. Ninguém pode negar que, ao conduzir a nossa bandeira, entoar o nosso hino e desfilar com as nossas cores em competições internacionais, aquele time leva a identidade e o sentimento de todos os que se veem ali representados.

A confirmação dessa identidade se reflete na importância que damos ao nosso futebol. E o próprio Estado brasileiro assim reconhece. Por exemplo, inúmeras vezes foram estabelecidos programas de repactuação fiscal para os clubes brasileiros mais populares e com sérias dificuldades financeiras, no sentido de subsidiá-los com um refinanciamento de suas dívidas fiscais. Assim ocorreu em 2015 no Programa de Modernização da Gestão e de Responsabilidade Fiscal do Futebol Brasileiro (Profut), ação do governo federal que representou uma milionária renúncia fiscal em benefício de clubes devedores ao INSS e à Receita Federal, principalmente.

E, enquanto o governo contribuía para "salvar" os clubes da falência financeira, investigações do FBI confirmavam que todo esse patrimônio era explorado por espertos cartolas. Em especial, usaram e usam a imagem e o prestígio da Seleção para negociar amistosos e angariar patrocínios. E era daí que saía o dinheiro para abastecer a máfia do futebol, que insiste em continuar no comando da CBF.

Volto aos arquivos da CPI da CBF/Nike, na Câmara dos Deputados, em 2001, nos quais eu já havia identificado falcatruas. Graças à quebra de sigilos bancários e fiscais da CBF e de alguns cartolas, o relator daquela investigação, o deputado Silvio Torres, escreveu em seu documento final este triste depoimento:

> O trabalho (da CPI) mostra como o futebol vem sendo usado para a promoção de grandes negócios. São milhões de dólares que rolam em contratos obscuros e que desaparecem. Quanto maior o contrato, mais endividados ficam a CBF, as federações e os clubes, enquanto fortunas privadas formam-se rapidamente, administradas em paraísos fiscais de onde brotam mansões, iates, e se alimenta o poder de cooptação e de corrupção.

A bola rolou e chegamos a 2014, ano da Copa no Brasil, sem que a estrutura e a gestão do futebol tivessem sido modernizadas. Não tenho dúvida de que essas mazelas repercutiram nos clubes e nos campos de jogo, contribuindo para o vexame da Seleção no Mundial que sediamos.

As vergonhas não ficaram por aí e avançaram às categorias menores. No início da temporada de 2017, a Seleção Brasileira Sub-20 não conseguiu vaga no Mundial. Ficou em quinto lugar no Campeonato Sul-Americano, atrás de Uruguai, Equador, Venezuela e Argentina. A eliminação ocorreu apesar de a equipe ter sido comandada pelo técnico Rogério Micale, o mesmo que levou a Seleção Sub-23 à inédita conquista da medalha de ouro nos Jogos Olímpicos Rio 2016. Quando mais se apostava na renovação de talentos, que dessem esperanças para o futuro do nosso futebol, a novíssima geração foi reprovada, e o técnico dançou. A esperança renasceria com a chegada do técnico Tite à Seleção principal, assunto do qual falarei adiante.

A Era Teixeira: dos milhões aos bilhões

Pentacampeão mundial e com gerações de craques que deixaram saudade, o futebol brasileiro tem um capítulo policial que envergonha a história do nosso esporte.

Após correr o risco de perder o controle do comando do futebol brasileiro, o todo-poderoso presidente da FIFA, João Havelange, articulou e conseguiu colocar na presidência da CBF, em 1989, um agente do mercado financeiro, o genro Ricardo Teixeira, até então um absoluto estranho no mundo do futebol.

Imprimindo uma lógica essencialmente financista à gestão esportiva, seguindo o modismo do marketing esportivo em escala mundial, Teixeira vislumbrou a possibilidade de multiplicar as receitas e os contratos administrados pela entidade, bem como sua participação direta no recebimento desses dividendos.

No primeiro ato de sua gestão, Teixeira, de bate-pronto, renunciou aos recursos da Loteria Esportiva, para fugir da fiscalização dos órgãos de controle estatais. Era uma clara tentativa de blindar a entidade e a si próprio do crivo da transparência e das instituições de fiscalização e controle dos gastos públicos. Estava dada a senha para a multiplicação dos recursos de origem privada, não somente para a gestão do futebol, mas, sobretudo, para o seu bolso e o de seus cúmplices, como a CPI do Futebol identificou.

Essa prática ocorreu na celebração de contratos como o da Nike, na venda dos direitos de transmissão de competições nacionais e internacionais e até mesmo na compra e venda de apoio político na FIFA, tudo feito em nome do Brasil, de seu povo, do futebol que tanto amamos e de seu inalienável patrimônio cultural.

Com o sucesso, até então, da Seleção Brasileira em campo, mesmo sem apresentar um grande e vistoso futebol, Teixeira conseguiu transformá-la em mina de ouro para os seus próprios interesses comerciais. Os títulos de 1994 e 2002 consagraram a sua gestão como um modelo burocrático e de resultados. Porém, as conquistas mundiais e o montante de dinheiro com elas arrecadado não se refletiram em uma melhor organização e estruturação interna de nossos clubes e campeonatos.

Nesse sentido, o que sempre importou para Teixeira foram as gigantescas oportunidades econômicas associadas à exploração da imagem do escrete canarinho. Nesse período, as receitas da CBF se multiplicaram. Paralelamente, eclodiram as falcatruas ardilosamente ocultas em seus contratos e os graves e estruturais problemas na gestão interna do nosso futebol.

Como legado final, Ricardo Teixeira ajudou a alinhavar e trazer novamente uma Copa do Mundo para o Brasil, numa estratégia em que a adesão do então presidente Luiz Inácio Lula da Silva foi decisiva. A ideia era tentar apagar de vez o fantasma da Copa de 1950, quando o Uruguai fez a festa no Maracanã, 2 x 1 sobre o Brasil. Ninguém esquece, não é mesmo?

Mas o megaevento esportivo representou para Ricardo Teixeira, ao assumir o comando do Comitê Organizador Local da Copa 2014, a possibilidade de desviar parte das cifras bilionárias que são geradas pela competição global do futebol. Essa CPI acabou por demonstrar, tristemente, a realização dessa lucrativa – para ele e seus asseclas – profecia.

Alvo de denúncias de envolvimento com uma máfia internacional do futebol, cujos cartolas vendiam seus votos na escolha de cidades-sede para a Copa do Mundo, Ricardo Teixeira voltou a ter dificuldades para se relacionar com o governo federal. Como presidente do Comitê Organizador, ele precisava se reunir com autoridades de vários níveis, mas as portas, aos poucos, se fechavam. A então presidente Dilma Rousseff também cancelava reuniões com o cartola e evitava encontrá-lo publicamente para não vincular sua imagem à de um acusado de participar de milionários trambiques.

Em 2012, pressionado por uma avalanche de denúncias e acometido por problemas de saúde, Ricardo Teixeira renunciou ao comando da CBF e do Comitê Organizador da Copa, passando o bastão para o seu vice-presidente mais velho, José Maria Marin.

A dois anos da Copa no Brasil, o futebol ganhava manchetes nas páginas policiais de todo o mundo, e diretores da CBF estavam envolvidos no escândalo revelado pelo FBI.

Marin assumiu e trouxe aquele que seria o seu sucessor e principal protagonista de sua gestão: Marco Polo Del Nero. A dobradinha, na verdade, se revelou dando o poder de fato para Del Nero, cabendo a Marin a representação simbólica e uma parte nas comissões negociadas nos contratos comerciais da entidade, legados da gestão Teixeira, como demonstrarei.

Finalmente, em 3 de dezembro de 2015, foi a vez de Marco Polo Del Nero se afastar da CBF, poucos dias depois de ter sido indiciado pelo Departamento de Justiça dos Estados Unidos como mais um integrante da máfia do futebol, conforme investigações do FBI. Mas, quatro meses depois, em abril de 2016, ele reassumiu, mesmo sem poder se afastar do país, na iminência de ser preso pelo FBI ou pela Interpol.

Em resumo, esse é o perfil das gestões na CBF nos últimos anos. E aquilo que era suspeita revelou-se fato: a corrupção no futebol é uma atividade estruturada, lucrativa para poucos, operada na forma de máfia, exercida em nível internacional, até se tornar caso de polícia com prisões de cartolas de vários países.

Dois anos depois dessas mudanças, lamentavelmente os escândalos atravessavam a fronteira do futebol e revelavam que partidos, políticos e empresários brasileiros também participavam de "tenebrosas transações", como definiu Chico Buarque de Hollanda em seu clássico "Vai passar".

Aos poucos, foram revelados esquemas de corrupção que envolviam empresas públicas, como a Petrobras e o BNDES, e privadas, como tradicionais empreiteiras e a poderosa JBS, uma companhia de processamento de carnes com forte mercado no exterior, principalmente nos Estados Unidos. As operações da Polícia Federal se sucederam em cumprimento a decisões judiciais, levando à prisão dezenas de políticos, empresários e executivos de vários níveis.

A ORIGEM DA CORRUPÇÃO NO FUTEBOL

Para que se entenda como dirigentes da FIFA conseguiram executar um esquema de corrupção em proporções globais, é preciso retomar as origens do marketing esportivo e de sua associação com a entidade máxima do futebol mundial. Essa viagem no tempo nos leva a 1974, ano da eleição do primeiro dirigente não europeu à presidência da entidade, João Havelange.

Após a ascensão do futebol brasileiro e a conquista de três Mundiais (1958, 1962 e 1970), Havelange se credenciou para assumir o posto máximo da FIFA por meio de intensas negociações políticas e promessas de expansão global do futebol, principalmente em direção aos países africanos e asiáticos.

Eleito com votos vindos majoritariamente dos países periféricos, Havelange inaugurou a era do marketing esportivo e empreendeu uma relação quase umbilical com grandes empresas multinacionais, cujo interesse era justamente a abertura desses novos e potenciais mercados esportivos.

Assim, de meados da década de 1970 até os anos 1990, verbas milionárias de gigantes como Coca-Cola e, principalmente, Adidas acabaram por injetar volumosos recursos na expansão global do futebol e de suas receitas. Nesse mesmo período, e com a evolução tecnológica das imagens via satélite, os direitos de transmissão televisivos ganharam dimensões comerciais inimagináveis, transformando o futebol e sobretudo a Copa do Mundo em um espetáculo de visibilidade avassaladora.

Esse potencial econômico ligado ao jogo, cujas cifras cresciam exponencialmente, acabou por gerar uma rede de interesses que conectava dirigentes e propiciava o surgimento de empresas ligadas ao marketing esportivo cuja principal atividade era intermediar a venda desses direitos de imagem ligados ao futebol e suas principais competições e atletas.

Após obter apoio de Horst Dassler – filho do fundador da Adidas – para sua eleição, Havelange entregou os direitos comerciais vinculados à FIFA durante toda a sua gestão para a empresa de marketing esportivo do empresário alemão, a ISL, uma das pioneiras a explorar esse filão.

Com a falência da ISL, em 2000, ficou comprovado pela justiça da Suíça o recebimento de propinas e vantagens indevidas por parte de João Havelange e de seu genro, o presidente da CBF, Ricardo Teixeira, algo em torno de 15 milhões de francos suíços.

Havelange fez escola, e em 2011 uma investigação do Comitê de Ética da FIFA concluiu que o ex-presidente Joseph Blatter e o secretário-geral, Jérôme Valcke, embolsaram 80 milhões de dólares, dinheiro desviado das duas últimas copas.

Valcke é aquele sujeito que ficou conhecido quando disse que o Brasil precisava de "um chute no traseiro" para não atrasar as obras da Copa do Mundo de 2014. Pois é, e agora? Que moral tem um ladrão desses para falar mal do meu país?

No covil dos ladrões

Com o tempo, as denúncias de corrupção na FIFA se intensificaram graças à atuação de jornalistas de todo o mundo, que avançavam nas investigações. E, ironicamente, logo no país onde o futebol não tem o status de esporte mais popular, a Suíça, foi executada a maior empreitada policial e criminal contra os negócios obscuros de seus mais importantes dirigentes mundiais.

Naquela manhã de 27 de maio de 2015 aconteceu algo que ninguém esperava: os noticiários informavam que, durante anos, o FBI e a Justiça americana haviam conduzido uma investigação que envolvia o pagamento de propinas a dirigentes da FIFA e da CBF em vários negócios. A rede de corrupção no futebol mundial era, enfim, desvendada, e os ratos de cartola foram encurralados no luxuoso hotel Baur au Lac, em Zurique, na Suíça.

Em operação conjunta com a Promotoria de Nova York e o FBI, o Departamento de Justiça dos Estados Unidos da América realizou o que nenhuma outra instituição conseguira com êxito: enquadrar e desvendar o esquema criminoso que domina os diversos escalões e entidades vinculadas ao futebol em todo o mundo.

No Brasil, a CBF é extensão do
modelo FIFA de corrupção.

Tendo início em 2010, a partir de suspeitas vinculadas ao então secretário-geral da Concacaf (Confederation of North, Central American and Caribbean Association Football), Chuck Blazer, a força-tarefa estadunidense esmiuçou uma trama de corrupção, distribuição de propinas, lavagem de dinheiro e fraude financeira que abastecia e enriquecia ilicitamente dirigentes de futebol e empresários de marketing esportivo em dezenas de países.

Além da compra de votos ligados à escolha das sedes para a realização das Copas do Mundo, especificamente as de 2018 e 2022, diversas outras transações criminosas foram investigadas e mapeadas pelas autoridades norte-americanas. Os crimes envolviam a venda de direitos comerciais e de transmissão da Copa América Centenário, nos Estados Unidos, e de campeonatos intercontinentais e nacionais espalhados pela América do Sul, além de propinas e crimes financeiros e fiscais relacionados à negociação de contratos de patrocínio de empresas americanas de material esportivo.*

J. Hawilla entrega o jogo

Nessa sequência de fatos chegamos a 2015, quando as autoridades americanas investigaram os crimes relacionados aos cidadãos e empresas com sede nos Estados Unidos, além de transações efetuadas por meio de bancos e em agências em seu território.

A Procuradoria de Nova York e o FBI chegaram ao empresário brasileiro José Hawilla, cuja empresa de marketing esportivo, a Traffic, tem subsidiária nos Estados Unidos, onde ele mora e, portanto, é alcançado pela jurisdição do país.

Jornalista esportivo até os anos 1980, J. Hawilla, como se tornou conhecido, chegou ao ramo de marketing esportivo na esteira da expansão dos direitos comerciais ligados ao futebol. Comprou uma pequena empresa de anúncios em ônibus urbanos e a transformou em uma das mais rentáveis do setor em todo o mundo,

* Fonte: <http://www.justice.gov/opa/file/450211/download>.

utilizando-se do *modus operandi* por ele descrito no curso das investigações do FIFA *Case*: suborno de dirigentes e pagamento de propinas e comissões pela intermediação de contratos e patrocínio, publicidade e direitos de transmissão.

Assim foi feito no contrato celebrado na década de 1990 entre a Nike e a CBF. Hawilla confessou, em delação premiada nos Estados Unidos, que pagou propina de metade da sua comissão pela intermediação do contrato para Ricardo Teixeira, à época responsável pela entidade. Trata-se de um evidente *modus operandi* utilizado pelos dirigentes da Confederação Brasileira de Futebol para desviar recursos da entidade em benefício próprio e contrariando os interesses do nosso futebol.

As investigações estadunidenses também revelaram que, anos mais tarde, os sucessores de Teixeira à frente da CBF – a dupla Marin/Del Nero – engendraram negociatas para que tal esquema de propinas se mantivesse, mas com outros destinatários. Isso ficou comprovado em diálogo gravado pelo FBI entre Hawilla e Marin. O cartola brasileiro, então preso, avisa que "o dinheiro agora deveria vir em nossa direção".

A utilização do pronome possessivo na primeira pessoa do plural indica que José Maria Marin falava em nome, também, de seu dileto parceiro Marco Polo Del Nero no assalto aos cofres da CBF.

Essa conversa absolutamente reveladora, ocorrida em Miami – assustadora pela desfaçatez com que condutas criminosas eram descritas –, se deu no contexto de outro contrato com a CBF, que envolvia os direitos de transmissão da Copa do Brasil de 2013 a 2022.

Ainda segundo o robusto e detalhado documento da Justiça dos Estados Unidos, J. Hawilla, para continuar detentor dos direitos referentes à Copa no Brasil, concordou em pagar propina anual de 2 milhões de reais para Ricardo Teixeira, José Maria Marin e Marco Polo Del Nero.

Era um trambique tão lucrativo que J. Hawilla fez um acordo com a Justiça americana para devolver 125 milhões de dólares do dinheiro ilegal que faturou, algo perto de 400 milhões de reais.

A agência de Kleber Leite

Um quinto personagem desse esquema é Kleber Leite, dono da agência Klefer, que, segundo a denúncia estadunidense, dividiu o pagamento de propinas e de direitos de transmissão da Copa do Brasil com a Traffic, de Hawilla.

Na noite do mesmo dia em que ocorreram as prisões dos dirigentes da FIFA, na Suíça, 27 de maio de 2015, a Polícia Federal do Brasil realizou uma operação de busca e apreensão na sede da Klefer, a pedido do Ministério Público Federal, em cooperação com o seu correspondente nos Estados Unidos. Na ação, além da quebra de sigilos bancários e fiscais dos envolvidos e do bloqueio de bens, a Polícia Federal apreendeu computadores e coletou dados e documentos que, em parte, foram remetidos para as autoridades norte-americanas. A defesa de Kleber Leite conseguiu liminar em *habeas corpus,* no Tribunal Regional Federal da Segunda Região, e anulou o procedimento, medida que paralisou as investigações do caso no Brasil por parte do Ministério Público e da Polícia Federal, impedindo também o acesso aos documentos por parte da CPI.

Por decisão da juíza Pamela Chen, dos Estados Unidos, o julgamento de José Maria Marin e dos demais réus do processo "Fifagate" começará em 6 de novembro de 2017 e deverá durar seis semanas.

Enquanto esses fatos ocorriam, Marco Polo Del Nero continuava "preso" no Brasil. Ele não podia viajar para o exterior sob pena de ser detido por agentes do FBI ou da Interpol. Foi assim que o presidente da CBF deixou de acompanhar a Seleção Brasileira ou comparecer a importantes reuniões externas da FIFA ou Conmebol. Sem exagero, mas desde a prisão de José Maria Marin, na Suíça, em maio de 2015, o futebol brasileiro ficou sete meses sem representação nos fóruns internacionais do esporte. A situação só foi corrigida em dezembro do mesmo ano, quando Fernando Sarney, vice-presidente da CBF para a região Norte, foi designado por Del Nero para o seu lugar na FIFA.

Mesmo sob tais precárias condições, Del Nero se manteve como presidente da CBF até dezembro de 2015, quando foi formalmente indiciado e citado nas investigações do FIFA *Case* da Procuradoria de Justiça do Estado de Nova York, nos Estados Unidos. Licenciou-se, então, do cargo e indicou como seu substituto *ad hoc* um dos seus vice-presidentes, o deputado federal Marcus Vicente.

Antes de assumir, Vicente consultou a Comissão de Constituição de Justiça (CCJ) para saber se haveria conflitos de interesses no exercício da dupla função. O relator da consulta foi o deputado Rubens Pereira Júnior (PC do B-MA), que se manifestou favoravelmente. Mas Marcus Vicente surpreendeu e não seguiu a orientação de Del Nero, chegando a articular uma possível eleição, o que faria com que o grupo Marin-Del Nero perdesse o controle sobre a CBF.

Sabedor de que possivelmente seria banido do esporte pelo Comitê de Ética da FIFA e de que o Estatuto da CBF, na vacância do cargo de presidente, estabelece que deve assumir o seu vice-presidente mais velho, Del Nero articulou para que o seu desafeto Delfim de Pádua Peixoto Filho, então com 76 anos, presidente da Federação Catarinense de Futebol, não chegasse ao posto.

Com esse objetivo, manobrou para que José Maria Marin, seu antecessor e comparsa no comando da CBF, mas já sob custódia da Justiça dos Estados Unidos e em prisão domiciliar, renunciasse ao seu posto de vice-presidente e elegesse em seu lugar o presidente da Federação Paraense de Futebol, Antonio Carlos Nunes.

Aliado de última hora, Nunes usaria a sua idade – 80 anos – para atender às exigências do estatuto da entidade, que determina assumir o mais idoso. Tal manobra foi feita com integral apoio dos dirigentes das federações estaduais. Apoio gratuito? Nada disso! Todas as federações são beneficiadas pela direção da CBF com mesadas para seus presidentes e polpudas transferências de recursos para fins diversos, como contarei adiante.

Foi assim que Del Nero conseguiu afastar o presidente *ad hoc*, Marcus Vicente, e colocar no comando o coronel Nunes, um discreto oficial reformado da Polícia Militar do Pará, que chegou ao posto máximo do nosso futebol depois de ter assumido a vice-presidência da região Sudeste.

Mesmo sendo representante do Pará, a direção da CBF corrompeu até a geografia do país para manobrar em favor de seus interesses.

O "novo" dirigente apresentava-se como figura obscura e despreparada. Além de dormir nas reuniões, disse em uma de suas primeiras entrevistas como presidente da CBF que não sabia o que era uma liga profissional de futebol. Estava claro que o coronel assumira como mero fantoche de Del Nero, que continuava despachando soberanamente na CBF.

Foi na sequência desses fatos que lamentavelmente desapareceu da história do futebol brasileiro, de forma trágica, o presidente da Federação Catarinense de Futebol, Delfim de Pádua Peixoto, o principal desafeto de Del Nero na estrutura dos cartolas estaduais.

Apoiador da CPI do Futebol, Delfim morreu em 28 de novembro de 2016: ele estava no avião da empresa Lamia, que conduzia a delegação da Associação Chapecoense de Futebol para Medellín, na Colômbia, para o primeiro jogo da final da Copa Sul-Americana, contra o Atlético Nacional. No desastre morreram 71 pessoas, sendo 19 jogadores da Chapecoense e 20 jornalistas, além de membros da comissão técnica e dirigentes. Outras 6 pessoas sobreviveram. Com tristeza, manifesto minha solidariedade à família de Delfim de Pádua Peixoto e reconheço o seu grande apoio e sua valiosa contribuição para os trabalhos da CPI que presidi.

O Dia D: munição para a CPI

Quando liguei o celular, na manhã de 27 maio de 2015, havia muitas chamadas recebidas. Entre tantas ligações que retornei, uma foi para a minha assessora de imprensa, Letícia Alcântara. Antes que eu dissesse um simples "olá" ou "bom-dia", ela começou a gritar: "Marin foi preso, o Marin foi preso!", berrava, revelando enorme euforia. Há vários anos, Letícia acompanha a minha luta contra a corrupção no esporte. Ela sabia muito bem o que significava a prisão de José Maria Marin para as minhas investigações sobre as denúncias de falcatruas no futebol.

Ainda sentado na beira da cama, dei um soco no ar e soltei uma gargalhada. O vice-presidente da CBF havia sido preso pela polícia da Suíça, a pedido do FBI, horas antes da abertura solene de mais uma assembleia da FIFA, na qual Joseph Blatter acabaria eleito para o seu quinto, mas limitado, mandato à frente da entidade. Corrupto, Blatter também acabaria afastado da direção do futebol internacional.

Nesse panorama estava a segunda boa notícia, pois as prisões de Marin e de outros seis cartolas ganhariam repercussão internacional. Isso fortaleceria o meu pedido para a instalação da CPI do Futebol no Senado. Além disso, as investigações do FBI confirmavam, de vez, que a corrupção no futebol brasileiro não era exclusiva, mas ocorria em nível mundial. O esquema se revelava organizado e interligado além-fronteiras.

No trajeto de casa para o Senado eu atualizava as informações pelo celular. Uma das notícias dizia que só naquela manhã da prisão de José Maria Marin o Departamento de Justiça dos Estados Unidos havia indiciado 14 pessoas por fraude, lavagem de dinheiro e formação de quadrilha. Nove eram dirigentes da Fifa e cinco executivos de empresas ligadas ao futebol. O esquema envolvia propinas de 150 milhões de dólares, ou cerca de 475 milhões de reais. O noticiário dava a dimensão da ousadia dos cartolas, assim sintetizada na declaração da secretária de Justiça norte-americana Loretta Lynch:

> O indiciamento sugere que a corrupção é desenfreada, sistêmica e tem raízes profundas tanto no exterior como nos Estados Unidos. [...] Os executivos do futebol, supostamente, abusaram de suas posições de confiança para obter milhões de dólares em subornos e propinas.

Naquela mesma manhã histórica presidi mais uma sessão da Comissão de Educação, Cultura e Esporte no Senado Federal e fiz um breve pronunciamento sobre o episódio. Lembrei que a prisão dos cartolas poderia ter sido realizada no Brasil, na Copa 2014, porque assim emendaríamos a vergonha dos campos com a vergonha da corrupção do futebol. E concluí: "Infelizmente, não foi a nossa polícia que prendeu a ratazana, mas alguém tinha que fazer isso um dia. Então, parabéns ao FBI e à polícia da Suíça".

Renan aprova a CPI

Em 2015 cheguei ao Senado Federal eleito com 4,6 milhões de votos – o senador mais votado na história política do meu estado, o Rio de Janeiro. E cheguei disposto a continuar na luta pela instalação de uma CPI do Futebol, depois de não ter conseguido na Câmara dos Deputados. E em apenas duas horas de contatos com meus colegas parlamentares consegui 52 assinaturas. Acho que foi um novo recorde nessa rotina de coleta de apoios para protocolar um pedido de CPI.

Encerrada a parte legal, fui ao encontro do então presidente do Senado, Renan Calheiros. Durante a conversa, pedi o apoio dele para a criação da CPI do Futebol. Ponderado, Renan sugeriu "esperar até termos um fato importante e relevante", que justificasse a investigação sobre as suspeitas de corrupção na CBF e no Comitê Organizador Local.

Três meses depois daquela conversa, os tais "fatos" apareceram: José Maria Marin era preso na Suíça a pedido do FBI e da Justiça dos Estados Unidos. Além dele, foram para a cadeia o presidente da Concacaf, Jeffrey Webb; o uruguaio Eugenio Figueredo, ex-presidente da Conmebol (Confederação Sul-Americana de Futebol) e vice da FIFA; Eduardo Li, presidente da Federação da Costa Rica; Costas Takkas, ex-secretário-geral da Federação de Futebol das Ilhas Cayman; Julio Rocha, presidente da Federação de Futebol da Nicarágua; e Rafael Esquivel, presidente da Federação Venezuelana de Futebol e vice-presidente geral da Conmebol.

Na mesma manhã da prisão da cartolagem internacional voltei à sala de Renan Calheiros. Fui direto ao assunto: "Presidente, já temos novos fatos importantes e relevantes, como o senhor sugeriu, para criar a CPI do Futebol".

Renan ouviu os argumentos sem me interromper. Os tais "fatos importantes e relevantes" para investigar a CBF, que ele pedira havia três meses, estavam disponíveis para que o Senado entrasse em campo numa CPI capaz de explicar o porquê de estarmos passando tanta vergonha no futebol.

Naquele encontro, Renan estava mais preocupado com os desdobramentos da Operação Lava Jato e as denúncias de corrupção na Petrobras, que envolvia vários parlamentares, ele, inclusive, e alguns personagens do governo federal. O caso era gravíssimo e batia, também, à porta do Palácio do Planalto, enquanto mais de vinte envolvidos já estavam presos. Isso me deixava em dúvida: afinal, quem tem a responsabilidade de dirigir o Senado e, pior, está sendo citado em esquema de enorme corrupção da Petrobras, será que tem tempo para se preocupar com um pedido de CPI para investigar falcatruas do futebol? A dúvida foi respondida com uma manifestação segura de Renan Calheiros: "Ok, senador Romário, vamos criar a CPI do Futebol".

COMEÇA O SEGUNDO TEMPO

Depois de quase dois meses daquela reunião com Renan, numa proposital demora dos partidos para a indicação de seus membros, a CPI do Futebol foi instalada em 14 de julho de 2015. Assumi a presidência, e a relatoria foi para o senador Romero Jucá (PMDB-RO). Ao longo dos trabalhos, a composição da CPI passou por alterações, inicialmente aumentando de 7 para 11 o número de integrantes, mas o time da sessão final teve a seguinte escalação:

CPI DO FUTEBOL – 2015
Bloco Parlamentar da Resistência Democrática (PDT, PT)
Senador Ciro Nogueira (PP-PI)
Senador Gladson Cameli (PP-AC)
Senador Randolfe Rodrigues (REDE-AP)
Senador Zezé Perrella (PTB-MG)
Senador Humberto Costa (PT-PE) – Suplente
Senador Telmário Mota (PDT-RR) – Suplente

Bloco da Maioria (PMDB)
Senador João Alberto Souza (PMDB-MA)
Senador Omar Aziz (PSD-AM)
Senador Romero Jucá (PMDB-RR) – Relator
Senador Eunício Oliveira (PMDB-CE) – Suplente
Senador Hélio José (PMDB-DF) – Suplente

Bloco Social Democrata (PSDB, PV, DEM)
Senador Davi Alcolumbre (DEM-AP)
Senador Paulo Bauer (PSDB-SC) – Vice-presidente

Bloco Socialismo e Democracia (PPS, PSB, PC do B, REDE)
Senador Roberto Rocha (PSB-MA) – Suplente
Senador Romário (PSB-RJ) – Presidente

Bloco Moderador (PTB, PSC, PRB, PR, PTC)
Senador Fernando Collor – (PTC-AL)
Senador Wellington Fagundes (PR-MT) – Suplente

Claro que a minha prioridade era ser o relator da CPI, cargo importante porque é o responsável pelo relatório final, além de apresentar o plano de trabalho da Comissão. Mas seria difícil emplacar meu nome, porque o PMDB tinha a maior bancada, com o PT em segundo lugar, enquanto o meu então partido, o PSB, estava apenas na sexta colocação no ranking. E essa colocação é decisiva para a indicação dos membros de uma CPI: quanto maior a bancada, mais representantes. Por isso o cargo de relator foi logo destinado ao senador Romero Jucá. Restava-me a alternativa da negociação para tentar a presidência da CPI, e fui ao encontro dos interlocutores do PT, à época os ministros Aloizio Mercadante, da Casa Civil da Presidência da República, e José Eduardo Cardozo, da Justiça.

O resultado da minha iniciativa foi altamente positivo, pois o PT abriu mão da presidência da Comissão para cedê-la ao PSB. Reverti um jogo que era totalmente adverso e fui em frente, montando uma competente equipe de técnicos, advogados, assessores legislativos, investigadores da polícia, jornalistas e retaguarda administrativa.

Ao contrário de um time de futebol, a escalação de uma CPI é complicadíssima. No time, joga, em tese, quem treinou melhor e conforme a escalação do adversário. Salvo um ou outro imprevisto que obriga a mudanças de última hora, é assim que funciona nas quatro linhas. Já na CPI, dependendo do tema, há dezenas de interessados em participar, mas quem decide quem vai entrar em campo, no plenário da Comissão, são os líderes dos partidos, em combinação com o presidente do Senado. E nem sempre escalam os melhores, os mais interessados em investigar determinado tema, mas os mais obedientes a ordens superiores.

A CPI do Futebol começou travada graças à contribuição dos líderes das maiores bancadas, Eunício Oliveira (PMDB) e Humberto Costa (PT), que não indicavam os seus representantes. Sem isso não se podia instalar a Comissão, que já estava dois meses atrasada. Na retaguarda, o presidente do Senado, Renan Calheiros, não cobrava essas indicações e demonstrava que estava disposto a "melar" a CPI. Até aí, a CBF mandava no jogo. Paralelamente, o escândalo da Operação Lava Jato e o processo de impeachment da presidente Dilma Rousseff ajudavam a travar a pauta e os debates gerais no Congresso Nacional.

Como se não bastasse, surgiu uma virada de mesa: o senador Humberto Costa liderou a apresentação de um novo requerimento, ampliando de 7 para 11 o número de membros da CPI. Mantive o otimismo. Onze é o meu número, e eu fui eleito o capitão, o presidente da CPI. Pensei: agora vai. Vamos abrir logo essa caixa-preta da cúpula da CBF e acabar de vez com essa quadrilha.

Com o que eu não contava é que, dos 11 senadores indicados, a maioria jogava contra as investigações. Eu sabia que teria adversários, é normal na disputa política. Mas a quase totalidade? A bancada da CBF, que eu conheci na Câmara, era muito forte também no Senado. Foi uma retranca nunca vista. Algo como se eu passasse do meio de campo com a bola dominada e encontrasse do outro lado um time de poderosos zagueiros e um muro fechando o gol.

Estava claro: aprovaram a CPI, mas não queriam investigar absolutamente nada! Queriam mesmo uma "CPI do faz de conta".

Os senadores escalados eram nomes de uma verdadeira seleção política, na maioria líderes, mas muitos apareciam nas denúncias da Operação Lava Jato: Romero Jucá, para relator e para travar as investigações sempre que preciso; Eunício Oliveira, líder do PMDB, a maior bancada, e que em 2017 seria eleito presidente do Senado; Fernando Collor de Mello, à época do PTB, que nunca apareceu nas sessões; Ciro Nogueira, do PP, Omar Aziz, líder do PSD, e Zezé Perrella, ex-cartola que me incentivou a criar a CPI, mas em pouco tempo revelou-se omisso e passou a jogar na turma da CBF. Ele foi uma grande decepção.

Durante as negociações, sugeri que a CPI contasse com o senador Magno Malta (PR). Além da experiência de ter presidido a CPI da Pedofilia, ele já havia se manifestado contrário às mutretas da CBF. Malta chegou a ser indicado, mas quando souberam que ele me apoiaria foi imediatamente removido para a suplência. No seu lugar entrou o Collor, que nunca apareceu.

O aumento de 7 para 11 membros na CPI mostrava que a turma da CBF queria ter a garantia de votações mais folgadas. E foi assim que apenas três ousados parlamentares, eu, Paulo Bauer (PSDB) e Donizeti Nogueira (PP), depois substituído por Randolfe Rodrigues (REDE), fomos para o embate político.

Na segunda reunião administrativa da CPI, em agosto, aprovamos a quebra dos sigilos bancário e fiscal de Marco Polo Del Nero e do empresário Wagner Abrahão, parceiro comercial da CBF. Antes da votação, Romero Jucá tentou evitar as quebras de sigilos. Não conseguiu.

Em dezembro, levei à aprovação da CPI pedidos para novas quebras de sigilos. Jucá concordou em votar, desde que Del Nero fosse poupado. Precisei fazer uma jogada, como nos tempos de um clássico do futebol. Aceitei o acordo, enquanto era alertado pelo meu assessor, Marcos Santi, de que aquilo significaria manter as investigações na estaca zero. Mesmo assim, falei no microfone para que todos ouvissem: "Este requerimento (do Del Nero) está fora da pauta!".

Santi só entendeu a estratégia quando Jucá retirou-se da sala, satisfeito com a minha concordância. No mesmo momento saíram outros senadores. Ficaram só cinco em plenário, sem quórum para votar. Era a estratégia da bancada do contra para proteger a cartolagem da CBF. Foi quando, sem ninguém esperar, apareceu o senador Zezé Perrella, e o quórum foi restabelecido. Imediatamente, peguei aquele requerimento que pedia a quebra de sigilo de Del Nero e o coloquei em votação. Diante dos atentos jornalistas, ninguém ousou votar contra. Gol da CPI.

Na volta para o gabinete, comentei com Santi a estratégia que acabara de adotar. E o provoquei: "Aprendeu a driblar na política?", e soltei uma gostosa gargalhada. Santi, um grande especialista em CPIs, teve que concordar. Enfrentando tradicionais profissionais da política eu estava totalmente no jogo.

Com a decisão da CPI, Del Nero pagou ótimos e caros advogados para tentar derrubar o requerimento de quebra de sigilo no Supremo Tribunal Federal (STF). Em vão. O ministro Edson Fachin indeferiu o pedido de liminar. Posteriormente o STF derrotou mais uma vez as pretensões de Del Nero. O material obtido com a quebra de sigilo permitiu que a equipe da CPI estabelecesse uma nova linha de investigações, avançando na tese de que a CBF era, de fato, explorada por uma gangue de espertos.

Logo no início da CPI percebi que não seria fácil tocar os trabalhos. Faltava, principalmente, um relator que fosse parceiro, disposto a encarar uma rigorosa investigação. Isso ficou claro em 4 de agosto de 2015, quando o senador Romero Jucá expôs o seu plano de trabalho para a CPI. Era uma proposta formal e burocrática.

É triste registrar isso, mas o desinteresse pela relatoria era tanto que Jucá só solicitou a senha para acesso aos documentos sigilosos da CPI em maio de 2016, nove meses após a instalação dos trabalhos e quando o seu próprio relatório já estava praticamente pronto. Tudo isso era orquestrado nos bastidores pelo *lobby* da CBF, liderado por Vandenbergue dos Santos Sobreira Machado. Quem é esse sujeito? Vou contar.

O "AMARRA-CACHORRO" DE RENAN

Figura carimbada nas rodas políticas e conhecido da imprensa esportiva, Vandenbergue Machado é funcionário aposentado do Senado Federal e lobista da CBF desde o final do século passado. Atuou contra a CPI da CBF/Nike na Câmara dos Deputados e na CPI do Futebol, no Senado, ambas em 2001.

A liberdade do lobista para agir nos bastidores do Legislativo foi comprovada em áudios gravados – constantes do processo da Operação Lava Jato –, na delação premiada do ex-senador Sérgio Machado.

Uma das gravações revela que Vandenbergue recebeu orientações do então presidente do Senado Federal, Renan Calheiros, acerca do caso envolvendo o ex-senador Delcídio Amaral, investigado e preso pela Operação Lava Jato. A proximidade do lobista com o senador acusado era tanta que o filho de Vandenbergue, o advogado Luís Henrique, atuou na defesa de Delcídio no Conselho de Ética do Senado.

Estranhamente, Vandenbergue Machado ainda circula com credencial do Senado, apesar de ser funcionário aposentado. Mas, para que se conheça um pouco mais sobre o lobista da CBF, transcrevo parte da reportagem "O Delator", publicada pela revista *Piauí*[*] em junho de 2016. O texto sobre a prisão de Delcídio do Amaral é da repórter Malu Gaspar:

> ...E um dos mais próximos aliados de Calheiros, Vandenbergue Machado, lobista da Confederação Brasileira de Futebol em Brasília, ofereceu abrigo a Maika (mulher de Delcídio) em sua mansão no Lago Sul. Ela aceitou. "O Vandenbergue era nosso amigo, e eu não queria ficar no hotel, cercada de jornalistas. Só com o tempo percebi que ele e o Renan queriam me vigiar", contou Maika. Ela ficou hospedada na casa do lobista durante todo o período da prisão, ora sozinha, ora em companhia dos anfitriões. Tanto Calheiros como Delcídio eram vistos em Brasília como políticos amigos da CBF. Naquele momento, porém, segundo os Amaral, o lobista não agia a mando da entidade. "Ele é o amarra-cachorro do Renan, falava pelo PMDB. E me visitava quase toda semana dizendo: 'Meu amigo, meu irmão'. Ele queria era me monitorar." No jargão popular, o amarra-cachorro é um auxiliar a quem são delegadas tarefas sem importância. No meio político, adquiriu conotação um pouco diferente. "Sabe aquele sujeito que passa depois do chefe para acertar o lado prático de uma negociação? Esse é o amarra-cachorro", explicou-me certa vez o próprio Delcídio.

Não há dúvidas do domínio de Vandenbergue sobre parlamentares. Isso vem dos tempos em que José Sarney presidia o Senado. Foi ele quem o indicou como representante dos senadores

---

* Fonte: <http://piaui.folha.uol.com.br/materia/o-delator-delcidio-do-amaral>.

no Conselho Consultivo da Anatel, para cumprir mandato entre março de 2010 e fevereiro de 2013.

Sobre o uso de credencial sem validade, consultei a direção da Secretaria de Polícia Legislativa do Senado Federal. Queria saber em que condições Vandenbergue acompanhava as reuniões da CPI do Futebol – 2015, pois ele se dirigia aos órgãos administrativos da Comissão e sistematicamente abordava integrantes da CPI, como se ainda fosse servidor do Senado Federal.

O diretor da Secretaria de Polícia Legislativa, Pedro Ricardo Araújo, veio ao meu gabinete dar explicações. Segundo ele, Vandenbergue foi interpelado sobre o episódio, mas alegou que vinha ao Senado tratar de assuntos referentes à sua aposentadoria. Maior deboche, impossível. Mesmo assim, o diretor da Secretaria de Polícia Legislativa aceitou essa desculpa ofensiva ao Poder Legislativo. Era uma nova demonstração da força da CBF também sobre os órgãos de segurança do Senado.

Com essa influência, Vandenbergue tentou evitar a convocação de seu chefe, Marco Polo Del Nero, para comparecer à CPI. Del Nero utilizou todo o aparato de apoio político à CBF para postergar ao máximo a sua ida à Comissão. Quando o fez, após nítida fuga à primeira convocação e promessa de que viria apenas se "convidado", com o temor de ser preso, utilizou-se de um *habeas corpus* preventivo para se eximir de dizer a verdade em algum questionamento mais comprometedor.

A PRIMEIRA AUDIÊNCIA PÚBLICA

Em 18 de agosto de 2015 realizamos a primeira audiência pública da CPI, quando ouvimos depoimentos de jornalistas que investigam a gestão do futebol: Juca Kfouri, da *Folha de S. Paulo* e ESPN, Jamil Chade, de *O Estado de S.Paulo*, e José Cruz, do UOL Esporte.

Jamil Chade trouxe oportuna contribuição para o início dos trabalhos: cópia de uma alteração de contrato entre a CBF e a empresa Internacional Sports Events Company (ISE), do Grupo Dallah Al Baraka, que adquiriu os direitos para negociar amistosos da Seleção.

O contrato entre a CBF e o grupo Dallah Al Baraka, que tem sede no Oriente Médio e 38 mil funcionários mundo afora, já havia sido motivo de reportagem, em maio de 2015. Mas era o primeiro documento que a CPI obtinha para incorporar à tese de como a CBF "leiloou" a Seleção Brasileira, recebendo em troca alguns milhões de dólares, além de comissões de agentes, cartolas e empresas em paraísos fiscais, operações fechadas longe do controle da Receita Federal brasileira.

Conforme o depoimento de Chade, o contrato estabelecia que a lista de jogadores convocados para eventos da Seleção Brasileira precisaria atender a critérios dos parceiros comerciais. E, se substituições fossem necessárias, os empresários seriam ouvidos.

O domínio da ISE sobre a CBF e os interesses comerciais estrangeiros na Seleção estavam bem estabelecidos. Por exemplo, uma cláusula determinava que o jogador convocado para substituir um titular precisaria ter o mesmo "valor de marketing" do substituído. E o mais estarrecedor nessa relação comercial: a ISE não tinha, à época do acordo, sede estabelecida, mas apenas uma "caixa postal" nas Ilhas Cayman. É inacreditável o perfil empresarial dos parceiros da CBF!

Nessa primeira audiência da CPI, Juca Kfouri e José Cruz comentaram justamente sobre essa estrutura frágil do futebol brasileiro, repercutindo na falta de credibilidade da CBF, com reflexos em cadeia na queda da qualidade técnica dentro das quatro linhas e no agravamento da crise financeira nos clubes.

Juca foi enfático ao alertar que os senadores da CPI tinham nova oportunidade de tentar desvendar o esquema da corrupção e dar corretivos à desordem na gestão do futebol. E disparou: "O problema do futebol é estrutural. A estrutura do nosso esporte é reacionária, reage a qualquer tipo de mudança, é corruptora e corrupta. Ou se mexe nisso, ou a gente vai ficar na mesma".

Com base nesses primeiros depoimentos, a CPI aprovou requerimentos que pediam cópia de todos os contratos firmados pela CBF a partir de 2002, e aí começaram as batalhas jurídicas.

Além das manobras políticas, muitas foram as tentativas de obstruir as investigações via judicialização.

Mesmo diante das dificuldades jurídicas e políticas para avançar, coletamos informações valiosas que confirmaram a tese de que a CBF se tornou, sim, um covil de ladrões.

A LUTA DE ANDREW JENNINGS

Em sessão de setembro de 2015 ouvimos o experiente jornalista escocês Andrew Jennings, repórter investigativo nas questões da FIFA e do Comitê Olímpico Internacional há mais de trinta anos.

Jennings é uma celebridade mundial no combate à corrupção no esporte. Suas reportagens foram publicadas em jornais britânicos – *The Sunday Times* e *Daily Mail* – e em documentários divulgados pela BBC de Londres. As imagens exibidas na TV demonstravam o horror dos cartolas diante de suas investidas, com medo de responderem a perguntas que levassem ao ninho da corrupção.

Meu primeiro contato com Jennings foi em 2011, ainda como deputado federal, quando o entrevistei por e-mail. Nós nos conhecemos pessoalmente nos Jogos Olímpicos de Londres. Um ano depois, Jennings estava em São Paulo e o convidei para vir a Brasília. Foi quando ele me deu mais detalhes sobre a extensão da máfia internacional, já com informações que envolviam negócios da Copa do Mundo de 2014.

No nosso último encontro, na CPI do Futebol, em 3 de setembro de 2015, Jennings voltou a ser contundente ao reafirmar como os dirigentes de vários países e influentes autoridades da FIFA agiam para ganhar dinheiro nos grandes eventos como a Copa do Mundo. E afirmou que a corrupção no futebol começou quando João Havelange se elegeu presidente da FIFA, em 1974, tendo Joseph Blatter como principal assessor.

Quando Havelange saiu da FIFA, em 1998, Blatter tornou-se o oitavo presidente da entidade e manteve o *modus operandi* da corrupção.

Ao final da sessão em que ouvimos Jennings, fui informado de que o ministro Marco Aurélio Mello, do STF (Supremo Tribunal Federal), havia acolhido as justificativas da CBF e suspendera um requerimento da CPI que pedia cópia de todos os contratos com terceiros. Em seu despacho, o ministro alegou "falta de sustentação e especificidade ao requerimento".

A decisão do ministro nos atrapalhava, já que o requerimento não poderia ser reapresentado na CPI. Além disso, quebrava a sequência de fatos positivos que até então havíamos conquistado, todos importantes para uma boa investigação. Mas isso não impedia que fôssemos em frente com o que tínhamos, montando um quebra-cabeça fenomenal que nos conduziria às conclusões da CPI, as quais apresento no final deste livro.

Na sequência das audiências, continuamos ouvindo jornalistas investigativos que foram ótimos parceiros no intercâmbio de informações. Entre eles, destaco os quatro autores de *O lado sujo do futebol*: Amaury Ribeiro Jr., Leandro Cipoloni, Luiz Carlos Azenha e Tony Chastinet.

"*O lado sujo do futebol* é um golaço dos jornalistas", escrevi no prefácio do livro, que tive o prazer de assinar.

Segundo os autores, não foi fácil produzir aquelas 375 páginas, publicadas pela Editora Planeta. Foram dezenas de entrevistas e, principalmente, revelações em documentos públicos obtidos em cartórios do Rio de Janeiro e de São Paulo e nos Ministérios Públicos do Brasil e no da Suíça sobre as trapaças dos cartolas, além de depoimentos de personagens que conhecem o submundo do futebol.

A exemplo de outros autores que escreveram sobre o tema "corrupção no esporte", o quarteto também enfrentou dificuldades para ter acesso a informações da CBF, devido à total falta de transparência em seus atos. "A CBF é uma entidade privada que não recebe verba pública, o que torna mais difícil investigá-la", disse Leandro Cipoloni.

Os jornalistas reforçaram que a "leniência das autoridades" incentivou a corrupção no futebol. Ricardo Teixeira, o ex-presidente da CBF, por exemplo, foi lembrado pelos jornalistas em vários episódios, inclusive nos que já foram investigados pela Justiça brasileira, "mas sem nunca ter dado em nada".

FEDERAÇÕES: A VERBA E O VOTO

Na etapa seguinte da CPI ouvimos os presidentes das federações estaduais de futebol, entidades que fazem o "meio-campo" entre os clubes e a CBF.

Apesar de os presidentes das federações compactuarem com as longas gestões dos cartolas da CBF, alguns já demonstram desânimo, principalmente devido às dificuldades enfrentadas pelos clubes de seus respectivos estados que resultam em competições cada vez mais sem atrativos. Sobre isso, o Bom Senso F.C. se manifestou por ocasião de sua proposta para mudanças na estrutura do futebol, afirmando que o calendário anual da CBF é: "desequilibrado", "injusto" e "irracional".

> Desequilibrado porque permite muitos jogos para equipes de ponta e poucas partidas para centenas de equipes de pequeno e médio porte; injusto porque desemprega, por mais da metade do ano, cerca de 20 mil profissionais do futebol e pune as equipes que chegam às finais de vários campeonatos,

massacrando fisicamente os elencos e diminuindo a qualidade técnica das nossas equipes; e irracional porque não atende à lógica do calendário internacional, ao promover jogos nacionais nas datas da FIFA e colocar a Seleção Brasileira como concorrente dos clubes e dos campeonatos nacionais.

Enquadrando a teoria na nossa realidade, o presidente da Federação Paulista de Futebol, Reinaldo Carneiro Bastos, sintetizou, no seu depoimento à CPI:

> Precisamos entender que a legislação é feita para todos os clubes. Um clube grande pode se adequar, mas um humilde não tem essa estrutura. Há presidentes de clubes menores e organizados que estão desistindo. Precisamos ter exigências, mas de formas diferentes para grandes e pequenos.

Já o presidente da Federação de Futebol do Estado do Espírito Santo, Gustavo Oliveira Vieira, disse que a Lei Pelé está desatualizada e que isso tornou o modelo de gestão "insustentável". Ele explicou:

> O desenvolvimento esportivo no Brasil se dá exclusivamente através dos clubes, e não das escolas e universidades, como em outros países. Temos que aprimorar o mecanismo de proteção aos clubes formadores, que hoje é praticamente inexistente. Eles são, talvez, a única chance de inclusão social de jovens de áreas de risco.

O assunto vem de anos, sem correções à altura da realidade de um país de 8,5 milhões de quilômetros quadrados, isso é, com enormes diversidades regionais. Nesse panorama, as decisões da

CBF aplicadas nos estados de ponta do futebol, Rio de Janeiro, São Paulo, Rio Grande do Sul e Minas, nem sempre são adequadas às necessidades do Amazonas, Rondônia ou Acre.

Crítico da atual estrutura que coloca as federações como decisivas eleitoras da CBF, o senador mineiro Zezé Perrella, ex-presidente do Cruzeiro Esporte Clube, não abre mão de uma mudança radical na atual estrutura do futebol, como explicou:

> Na verdade, as federações estaduais são cartórios apenas para registrar os jogadores. Esse modelo é atrasado. É o único país do mundo que tem federações estaduais ou regionais. As federações, para mim, não têm necessidade de existir. E os campeonatos estaduais só existem porque, se acabarem, as federações acabam junto.

Vieram do presidente da Federação Mineira de Futebol, Castellar Modesto Guimarães Neto, sugestões para modificar o formato da distribuição das cotas de televisão. Castellar é adepto do modelo inglês, no qual 50% dos recursos de TV vão para os clubes da primeira divisão, 25% são divididos de acordo com o rendimento técnico da equipe e outros 25% são distribuídos segundo critérios de potencial de audiência de cada clube.

Depois de tantos depoimentos e leituras de documentos sobre esse assunto, passei a defender uma revisão na estrutura "clube, federação, confederação". Mas, antes, é preciso decidir se compete ao Estado se envolver nesse tema, próprio da iniciativa privada. O fato é que precisamos de uma revisão na estrutura viciada e corrupta – como se identificou na CPI –, que repete modelos do século passado e foi modernizada apenas na forma operacional do desvio do dinheiro. Só depois de alterada a estrutura é que se faria a revisão na legislação.

Os balanços financeiros anuais das federações revelam quanto cada uma recebe da CBF. Segundo os dados de 2014, a Federação do Acre foi recordista em ganhos, com 1,8 milhão de reais. Amazonas e Amapá também estão no topo.

É claro que as remessas da CBF podem servir para compensar a real falta de arrecadação na maioria dos estados, principalmente naqueles em que o futebol não tem expressão. Mas essa dependência reflete, também, a viciada estrutura que incentiva o cartola estadual a se acomodar e não buscar soluções inovadoras, explorando a realidade regional, capaz de tirar a modalidade da mesmice e incentivar a ida do público aos estádios.

Mas, como já demonstrei, modernidade não é com a CBF. E essa generosidade se enquadra no credo religioso "É dando que se recebe". Ou seja, a CBF paga a mesada dos cartolas estaduais e garante o voto deles nas suas eleições presidenciais, na aprovação de seus balanços e sem nenhum debate ou oposição.

O mais recente exemplo dessa troca de favores ocorreu em março de 2017.

Numa "assembleia administrativa", apenas com os presidentes das 27 federações, foi alterado o Estatuto da CBF. Entre outras medidas, foram admitidos na assembleia geral os vinte clubes da série B do Campeonato Brasileiro – os da série A já são membros – e introduzido o sistema de "peso" nos diferentes votos.

Pela nova norma, cada voto de federação tem peso três, enquanto os da série A valem dois e os da série B apenas um. Com essa manobra, própria de um trombadinha de gravata, Del Nero garante eleição ou aprovação do que bem entender apenas com os votos das 27 federações. Pelo critério do "peso três", o cartola tem 81 votos garantidos. Já os votos dos clubes das séries A e B alcançam, no máximo, 60 votos.

Está claro que essa é uma forma de corrupção eleitoral, pois legitima a compra de votos por meio das mesadas repassadas pela CBF às federações. Com essa ação, Del Nero afronta os princípios da ética num momento em que a sociedade brasileira combate a corrupção em geral.

No entendimento da CBF, os clubes devem participar somente das assembleias-gerais eleitorais, e não das assembleias-administrativas. É a ditadura cerceadora de liberdades democráticas. Os clubes, principais protagonistas das competições, ficam alijados das decisões.

AS CONTRADIÇÕES DE DEL NERO

Indiciado pela Justiça dos Estados Unidos por envolvimento no escândalo internacional de pagamento de propinas, Marco Polo Del Nero não sai do Brasil porque é acusado pela Interpol e pelo FBI. O cartola brasileiro não foi aos jogos da Copa América Centenária de 2016, nos Estados Unidos, quando o Chile conquistou o título, nem à reunião do Comitê Executivo da Conmebol.

Enfim, foi desse fugitivo que tentei arrancar algumas informações quando ele compareceu à CPI, em 16 de dezembro de 2015. E logo que abri os trabalhos disse a Del Nero o que até então havia saído na imprensa.

— O senhor é uma pessoa muito malvista no futebol. É uma das pessoas que mais fazem mal ao futebol brasileiro e mundial. Sugiro que se retire da CBF para termos uma confederação honesta, não corrupta, e séria. O senhor, Ricardo Teixeira, José Maria Marin e outros aliados são o câncer do nosso futebol.

Del Nero não reagiu ao meu protesto, feito em tom de desabafo. Manteve-se imóvel, o olhar viajando pela sala lotada.

O senador Romero Jucá seria o primeiro a indagar o personagem, mas, mesmo como relator, abriu mão. Quem sabe para evitar constranger o amigo...

Foi a minha vez de entrar em campo, em tabelinha improvisada com o senador Randolfe Rodrigues. Quis saber por que ele não permaneceu na assembleia da FIFA quando Marin foi preso, na Suíça, retornando imediatamente ao Brasil.

— Entendi que era melhor estar no meu país. O que podia fazer na Suíça por ele (José Maria Marin)? Tenho que cuidar do nosso país, da CBF. Não poderia fazer nada lá. Não sou advogado.

Como é? Não é advogado? E o que significa a marca "Marco Polo Del Nero e Vicente Cândido Advogados", com sede em São Paulo, com portal registrado na internet? Além disso, o próprio site da CBF registra, na "Biografia do Presidente", que Del Nero é advogado. Assim: "Formado em Direito pela Universidade Mackenzie em 1967, Marco Polo Del Nero especializou-se na área de Direito Penal, atividade que exerce até hoje". No episódio da reunião da FIFA, na realidade, Del Nero teve medo de também ser preso pela polícia suíça. Ele fugiu do hotel pela porta dos fundos e se mandou para o Brasil.

Randolfe Rodrigues, um grande parceiro na CPI e também bom de briga pela ética, moralização e transparência no esporte, questionou:

— Por que o senhor não viajou mais ao exterior, nem com a Seleção, depois da prisão de Marin?

— Fui aconselhado por meus advogados.

— Tinha medo de ser preso? — insistiu o senador.

— Não há motivo para eu ser preso — disse Del Nero.

Diante dessa resposta, não resisti; pedi licença ao senador Randolfe e ataquei:

— Como não tem medo de ser preso? Motivos, tem vários. Corrupção, formação de quadrilha. Como não? Além de ser corrupto, é ladrão e mentiroso.

Randolfe emendou, mas a resposta foi outra vez irônica, consagrando a tese do cinismo do depoente:

— O senhor tem conta no exterior?

— Não tenho conta no exterior.

— Não tem mesmo? — insistiu meu colega

— Não tenho! Nem *trust*!

A resposta provocou gargalhadas nos presentes, pois "*trust*" era uma alusão ao então presidente da Câmara, deputado Eduardo Cunha (PMDB-RJ), que havia negado na CPI da Petrobras ter conta no exterior, mas, depois, soube-se que mantinha operações de *trust* na Suíça. Eduardo Cunha foi preso em 20 de outubro de 2016 por decisão do juiz federal Sérgio Moro, que conduz a Operação Lava Jato.

Trust, "confiança", em inglês, é uma operação em que o investidor não tem controle direto sobre a gestão do dinheiro, mas é beneficiário dos ativos.

Voltando à CPI, Randolfe quis saber por que há deputados federais que são dirigentes na CBF.

— Porque eles gostam de futebol — respondeu Del Nero.

Irônico, entrei de sola:

— Minha mãe também gosta!

— Se o critério for esse, temos 200 milhões de brasileiros aptos a serem diretores da CBF — concluiu Randolfe.

Em resumo, não arrancamos nada de importante de Del Nero. Ele sabia por onde desviar de nossas perguntas e provocações para evitar se entregar diante de tantas evidências de seu envolvimento em várias falcatruas.

Imediatamente depois da sessão, a imprensa repercutiu minha entrevista aos repórteres que cobrem a CPI. O que eu disse foi assim sintetizado:

Tenho certeza de que esse senhor deve estar com amnésia. Quem viu o que ele falou sabe que é tudo mentira. Eu sempre disse que ele era ladrão e agora digo também que é mentiroso e tem a memória altamente seletiva. Para resumir, ele é o câncer do futebol brasileiro.

A REUNIÃO "VAPT-VUPT"

A sessão da CPI de 9 de março de 2016 prometia esquentar.

Eram doze requerimentos na pauta de votações, e o primeiro convocava Ricardo Teixeira. Era preciso ouvi-lo para esclarecer operações suspeitas encontradas nas investigações da CPI.

Quando cheguei ao Senado, fui para o meu gabinete e conversei com o coordenador da equipe da CPI, Marcos Santi. Advogado e com mais de trinta anos de Senado, onde se aposentou no final de 2016, grande conhecedor do Regimento Interno, o gaúcho e gremista Marcos Evandro Cardoso Santi é autor de dois ótimos livros : *Criação de Comissões Parlamentares de Inquérito* (Sergio Antonio Fabris Editor, 2007) e *As CPIs e o Planalto* (Edi tora Prismas, 2014). Assim como as dos demais membros da CPI, as interpretações e as orientações de Santi eram muito seguras e sempre me colocaram "na cara do gol".

Foi Santi quem me alertou sobre as articulações lideradas pelo lobista Vandenbergue Machado para mudar os rumos da pauta de votações da sessão de 9 de março. Estava previsto que

Vandenbergue levaria ao plenário o maior número possível de senadores aliados para votar contra as convocações em geral e, em particular, a do ex-presidente da CBF, Ricardo Teixeira. E ainda poderia transformar em "convite" a condução coercitiva do coronel presidente da CBF.

Além disso, outro drible que o lobista preparava era aprovar um requerimento do senador Davi Alcolumbre (DEM-AP) que convidava o secretário-geral da CBF, Walter Feldman, para depor. Ora, se o depoimento do coronel presidente já estava marcado para a semana seguinte, o que acrescentaria à CPI ouvir o secretário-geral da mesma entidade? Não havia dúvidas de que estavam armando. Se aprovassem a vinda de Feldman, com certeza um senador aliado à CBF apresentaria proposta para retirar a convocação do coronel.

Eu ouvia esse relato quando fui informado de que apenas dois senadores estavam na sala de reuniões da Comissão, e para lá me dirigi rapidamente. De fato, somente Ciro Nogueira (PP-PI) e Hélio José (PMDB-DF), ambos alinhados às ordens de Vandenbergue, estavam lá. Ao fundo, os jornalistas e alguns assessores parlamentares. Dirigi-me imediatamente ao microfone sobre a mesa e proclamei: "Havendo número regimental, declaro aberta a sessão". E emendei, em seguida: "Não havendo número regimental para deliberar, encerro a sessão". Tudo em menos de trinta segundos. Como diria o inesquecível humorista Chico Anysio, foi uma sessão "vapt-vupt".

Optei por essa estratégia porque, se os requerimentos fossem rejeitados, eles não poderiam ser reapresentados. Mas, da forma como ocorreu, eu os colocaria em votação em um momento mais favorável.

Enquanto eu tomava aquela decisão, Vandenbergue estava no corredor, próximo à porta de trás da sala da CPI. Telefone em punho, ele ainda convocava parlamentares amigos para tomarem conta da sessão. Quando retornou à sala, eu já estava saindo pela porta da frente, e ele se deparou com um plenário praticamente vazio. Surpreso e perplexo, era visível sua decepção diante da nova derrota sofrida. Nos bastidores, eu já estava ganhando de goleada. Essa disputa silenciosa com Vandenbergue começou quando eu era o presidente da Comissão de Esporte, na Câmara dos Deputados, e proibi a entrada dele na sala da Comissão. Era muito abuso ver um lobista da CBF agindo à vontade e conversando com funcionários da Comissão como se a casa fosse dele.

Depois de presidir a Comissão de Esporte da Câmara dos Deputados, a Comissão de Educação, Cultura e Desporto do Senado, além da CPI do Futebol, eu já mostrava bom jogo de cintura para a tomada de decisões rápidas. Na política como no futebol, ou se joga com estratégias, conforme o adversário, ou não se avança em nenhum campo.

Mas, nesse caso especificamente, que envolvia uma investigação da CBF, a principal disputa era contra a estratégia nem sempre leal do outro lado. Era preciso um pouco de esperteza e "malandragem" política, no bom sentido. Não posso negar que me saí bem, e, por vezes, deixei a Bancada da CBF perplexa e o tal lobista desorientado.

A FUGA DO CORONEL

As reuniões e os depoimentos se sucederam. Na sequência, eu esperava o presidente em exercício da CBF, o coronel Antônio Carlos Nunes de Lima, convocado para um depoimento de grande importância. Mas o veterano cartola de 80 anos não apareceu na data marcada. Ele divulgou uma nota à imprensa justificando a ausência e, inacreditavelmente, até questionou a juridicidade de sua convocação.

Foi uma reação muito estranha. Afinal, cabe ao coronel dizer se a CPI age de acordo com a lei quando convoca determinada autoridade? A CBF é fórum adequado de interpretação e aplicação das leis brasileiras? Essa tentativa de inverter a ordem legal das instituições era a sequência do desrespeito da CBF ao Parlamento. Desde 29 de fevereiro de 2016, os servidores da CBF deixaram de atender as ligações telefônicas da secretaria da CPI.

Nessa disputa de bastidores, eu e minha equipe queríamos, com o depoimento dele, informações de quem estava à frente da CBF. Mas Romero Jucá pretendia livrá-lo dos questionamentos.

Era algo como no futebol, em que se busca marcar os gols, mas o companheiro do mesmo time atrapalha e acaba marcando contra.

Ignorando a primeira convocação, o coronel tentou impor o autoritarismo de caserna, que ele conhece muito, mas que sucumbiu com o fim da ditadura militar.

Com esses exemplos, eu sempre tentei mostrar ao senador Jucá que há um lado podre, e por isso perigoso, no futebol, cujos dirigentes suspeitos de corrupção frequentam a sede da CBF. Mas Jucá preferiu continuar apoiando quem era investigado, apesar de, àquela altura, já ter um bom volume de documentos que comprovavam que a corrupção era real.

Para ficar claro que minha análise não é discurso de oposição, cito um dado sobre tanta omissão: dos 128 requerimentos apresentados à CPI, apenas dois são de autoria de Romero Jucá, nenhum de convocação de cartola ou outra autoridade do futebol. Ainda que ele fosse o relator!

Mesmo sabendo da ausência do coronel, às 14h eu estava no plenário da CPI. Quando abri a sessão, dez jornalistas registraram o vazio no plenário, sem a presença de um só senador. Fiz um rápido esclarecimento sobre a "convocação" do coronel Nunes e anunciei que, para fazer cumprir a autoridade da CPI, solicitaria à Justiça do Rio de Janeiro, sede da CBF, e à de Belém, estado de residência do coronel, a promoção de sua condução coercitiva. Enquanto eu fazia o anúncio, apareceu o senador Donizeti Nogueira, do PT de Tocantins, que se solidarizou com a medida que tomei.

Duas semanas depois daquela reunião em que apenas Donizeti Nogueira compareceu, o Congresso Nacional continuava agitado. O país vinha de uma ruidosa manifestação das ruas no domingo anterior, contra o governo da presidente Dilma Rousseff. A crise política e institucional se agravara com o avanço da Operação Lava

Jato, que investigava corrupção na Petrobras, e envolvia personagens da República.

Apesar desse cenário, realizamos mais uma sessão da CPI, em duas partes. Na primeira, com o apoio de seis senadores, a Bancada da CBF derrotou todos os requerimentos da pauta, inclusive os de convocação de dois dos principais investigados da CPI, o ex-presidente Ricardo Teixeira e seu parceiro comercial, o empresário Wagner Abrahão, o grande executor dos "negócios" da CBF, personagem de um capítulo adiante.

Por que tanta obediência dos senadores à CBF, mesmo diante de provas de ilegalidades, de falcatruas e de corrupção apresentadas?

Na segunda parte, o coronel Antônio Carlos Nunes apareceu, enfim. Saí no ataque:

— Na condição de coronel, o senhor ainda não aprendeu a obedecer à autoridade judicial? Ou acredita que deve, antes, obediência aos homens fortes da CBF? O senhor não tem vergonha de estar protegendo bandidos em vez de prendê-los? Não acha que está desonrando a farda que vestiu (Polícia Militar do Pará)?

A resposta foi curta e grossa:

— Não tenho nada a declarar sobre isso.

Fiz outra provocação:

— Teixeira, Marin e Del Nero são ladrões e corruptos. O senhor também é ladrão e corrupto?

Novo silêncio. Soube depois que ele fora treinado por uma equipe de assessores, advogados e consultores de imagem para não se atormentar com as perguntas e evitar provocações e respostas às questões difíceis. Se não tivesse havido esse treino, com certeza o coronel entregaria o jogo.

Lá pela sétima pergunta, o coronel continuava em silêncio. Acostumado a comandar a ordem unida no quartel, agora ele demonstrava não curtir dialogar.

No plenário estava uma tropa de choque de senadores que apoiavam aquele silêncio e acudiriam o depoente em qualquer aperto. Era a tropa de choque da CBF. Cena muito triste. Era como se os meus colegas parlamentares estivessem de joelhos, obedientes diante de um representante menor do futebol.

Ao sair da sala da CPI, o coronel foi ouvido pela imprensa. Também não falou coisa com coisa. Mas chamou a atenção uma de suas respostas, quando indagado sobre como administrava a CBF.

— Administro a CBF como se administram as unidades militares.

É preciso dizer mais sobre os gestores da nossa principal entidade do futebol?

JOGADAS DO ATRASO

Depois de duas semanas sem sessões da CPI, em parte prejudicadas pelo feriado da Semana Santa de 2016, preparei-me para novo encontro com os meus colegas parlamentares. A minha pauta era extensa e consistente. Em quinze dias de trabalho, a equipe de investigação colecionou valiosas informações obtidas pelas quebras de sigilos bancários, principalmente de Ricardo Teixeira, José Maria Marin e Marco Polo Del Nero. Eram fatos que precisavam de esclarecimentos dos envolvidos.

As suspeitas de irregularidades na gestão financeira da CBF estavam se confirmando, e os dados analisados seriam apresentados na reunião seguinte. Aos poucos, justificava-se todo o esforço de trabalho e incômodos para não deixar a CPI naufragar, como era o desejo de muitos.

Porém, para avançar, precisávamos de novos depoimentos que esclarecessem as volumosas movimentações financeiras. Enquanto trabalhávamos com essa meta, Romero Jucá pedia para que a reunião ficasse "reservada aos senadores".

Conversando com a equipe concluí que, numa reunião secreta e longe da imprensa, as convocações de novos depoentes poderiam ser vetadas com facilidade pela bancada da CBF. Se isso ocorresse, o fim da CPI estaria precocemente decretado.

Como já contei, Jucá havia anunciado que seu relatório estava "praticamente pronto", enquanto tínhamos uma pauta de investigação que demandaria mais três ou quatro meses de trabalho. Não entendia a pressa, já que a CPI tinha prazo legal até agosto, com chance de prorrogação.

Para tanta pressa só havia uma explicação: o senador Romero Jucá estava cotado para assumir o Ministério do Planejamento no governo de Michel Temer, que acabou assumindo a presidência da República depois do afastamento de Dilma Rousseff. Nessa condição, Jucá teria agenda lotada. Além disso, ele não acreditava que o meu grupo de investigações pudesse trazer novos e importantes fatos para o processo, capazes de motivar convocações para esclarecer indícios de fraudes e desvios de verbas.

Mas a pressa era geral. Em todas as ações, eu observava que a turma dos 7 x 1 queria se livrar logo do compromisso. Principalmente porque, em abril de 2016, a Câmara dos Deputados instalou outra CPI para investigar a CBF, com o sugestivo nome "CPI da Máfia do Futebol". Se uma CPI já incomodava, imaginem duas...

Foi nesse panorama que tentei votar requerimentos de convocação de cartolas. Mas só o senador Randolfe Rodrigues me acompanhou na empreitada.

Diante de um plenário praticamente esvaziado, observei que a estratégia adversária funcionara. Enquanto eu buscava quórum, Jucá se ausentava do plenário. No corredor da Comissão, o lobista Vandenbergue Machado orientava os parlamentares alinhados à cartolagem para não entrarem na sala. Assim, não haveria quórum, e a reunião iria para o espaço. Enquanto isso, conferi que cinco senadores já tinham registrado presença: Randolfe Rodrigues, Donizeti Nogueira (PT), Paulo Bauer (PSDB), Humberto Costa (PT) e eu. Faltava só mais uma assinatura para termos o quórum de seis para validar as votações dos requerimentos. Fiz sinal para que Randolfe me aguardasse, pois sairia por uns minutos. E fui ao gabinete de Zezé Perrella, ex-presidente do Cruzeiro, com quem tinha uma boa relação parlamentar. Eu precisava convencê-lo a prestigiar a sessão e garantir o tal quórum. A pauta de votações era pública, e Perrella sabia o que estaríamos votando. Por isso, tentou fugir da sessão. Chegou a se esconder em seu gabinete. Quando lá cheguei para levá-lo à sala de reuniões, fui informado de que ele não estava, havia saído. Diante de minha insistência, Perrella apareceu. Envergonhado e receoso, ele explicou, sem disfarçar o susto diante de minha inesperada visita:

— Romário, eu não posso votar nesse requerimento que convoca Ricardo Teixeira para depor na CPI.

— Ok, então não vota, mas vamos lá só para você registrar presença — respondi.

Perrella topou, e foi assim que garanti o quórum indispensável para validar as deliberações.

Abri a sessão e fiz a leitura dos requerimentos de convocação. Nunca li tão rápido na vida. Depois, meus assessores não perderam a chance e me compararam a um "locutor de jockey club", quando só se entende o nome dos cavalos, devido aos atropelos e correria para cruzar a linha de chegada. Lembrei de minha juventude, quando eu ouvia Ernani Pires, na Rádio Globo, locutor que se consagrou como o melhor do Rio de Janeiro nas domingueiras do turfe carioca. Bons tempos.

Na verdade, apressei a leitura porque eu temia que chegasse ao plenário um senador da base da CBF. Um só já faria o estrago, porque apenas Randolfe se manifestaria a favor das convocações contra Zezé Perrela e o outro que porventura chegasse. Como estava, eu daria o voto de desempate.

Li os seis requerimentos – cinco do senador Randolfe Rodrigues e um meu – e logo os coloquei em discussão, "em bloco", isto é, todos juntos. Silêncio! Randolfe e Zezé conversavam e não discutiram. E abri logo a votação na tradicional forma: "Quem estiver de acordo permaneça como está". Sem manifestações contrárias, decretei: "Requerimentos aprovados". Mais um gol da CPI!

Quando o senador Perrella se deu conta de que no bloco estava o requerimento de convocação de Ricardo Teixeira, solicitou que trocasse o termo "convocação" por "convite". Aceitei, claro, era a minha vez de dar um passo atrás nesse jogo negociado e difícil. Mas faço questão de registrar: Perrella foi a minha maior decepção na CPI do Futebol. De incentivador para aprovar a Comissão, ele me abandonou para se tornar obediente às ordens da CBF.

Foi assim que Vandenbergue Machado assistiu a mais uma vitória da CPI sobre os que queriam "melar" os trabalhos. No fundo da sala, em pé, ele me viu encerrar a reunião anunciando que seus ex-chefes, Ricardo Teixeira e Marco Polo Del Nero, compareceriam à CPI. Del Nero viria pela segunda vez, agora para explicar a mentira do depoimento anterior, quando afirmara, sob juramento, que não tinha conta bancária no exterior. E tinha, como ainda vou contar.

Outro requerimento aprovado convocava um personagem muito importante, que teria atuado no suspeito esquema de desvio de verbas. Era Wagner José Abrahão, bandido, empresário do ramo de turismo e o principal operador das receitas da CBF. Ele se manteve nessa condição mesmo depois da prisão de José Maria Marin. Abrahão precisava esclarecer a maioria das operações de crédito da CBF. Estava claro que ele detinha o *modus operandi* da distribuição de propinas enquanto atuava no fornecimento de serviços, como passagens aéreas para as constantes viagens da Seleção Brasileira.

Além de Abrahão, convocamos Gustavo Dantas Feijó, ex-presidente da Federação Alagoana de Futebol e vice-presidente da CBF para a região Nordeste.

As investigações indicavam que a CBF havia transferido 350 mil reais para a Federação Alagoana de Futebol no mesmo ano em que Feijó se elegera prefeito do município de Boca da Mata, em Alagoas.

Em um e-mail para Feijó a que tivemos acesso, Del Nero justificava a transferência com a seguinte frase: "atendendo ao pedido de sua federação...". Não seria essa justificativa uma forma discreta de camuflar apoio financeiro à campanha eleitoral do candidato? Precisávamos investigar, e a convocação do cartola poderia esclarecer essa operação.

Em rápido discurso, o senador Randolfe Rodrigues foi mais uma vez exemplar naquela sessão de aprovação dos requerimentos. É dele a seguinte denúncia:

> Esta CPI está sendo vítima do boicote, do desdém, da sabotagem de nossos colegas que não querem tomar conhecimento da gravidade dos documentos suspeitos de operações ilegais que temos em mãos. É um triste espetáculo! Mesmo assim, mesmo com minoria, devemos votar e aprovar os requerimentos de convocações. E, depois, eles (os demais membros da CPI) que assumam o ônus de terem rejeitado pela omissão.

A situação era pior na CPI da Máfia do Futebol, na Câmara dos Deputados. Cheguei a trocar informações com o presidente daquela Comissão, deputado Laudívio Carvalho, que estava bem motivado para uma investigação rigorosa, mas falhou. Nos quatro meses em que funcionou, a CPI realizou apenas dezesseis sessões, sem aprovar um só requerimento de convocação dos principais cartolas. Além disso, o então presidente da Câmara, Rodrigo Maia, acenou que não aprovaria o pedido para dar mais seis meses à CPI. Isso ajudou a esvaziar a sessão em que seria votado o pedido de prorrogação. Assim, a CPI da Câmara dos Deputados acabou prematuramente e sem nenhum resultado.

RENAN TRAVA A CPI

Fora da CPI, o Brasil político-econômico continuava em crise institucional, enquanto o deputado federal Jovair Arantes (PTB--GO) apresentava o seu parecer favorável à abertura do inquérito de cassação de Dilma Rousseff. O relatório, aprovado no plenário, dependia da votação final do Senado sobre o afastamento definitivo da presidente Dilma.

Paralelamente, o PMDB anunciava rompimento com o PT, encerrando a parceria que elegera a chapa "Dilma-Temer". Tanto barulho ajudava a silenciar temporariamente a nossa CPI. O futebol não era a bola da vez.

Os ataques entre os políticos pró e contra o impeachment cresciam, enquanto a crise na economia se agravava, entre outras coisas, com o aumento da inflação. Empresas fechavam portas, e o desemprego atingia 11 milhões de brasileiros.

Nessa movimentação, Romero Jucá assumiu a presidência do PMDB no lugar de Michel Temer e liderava o movimento para afastamento de Dilma, apesar de ter sido, por longa data, líder do Governo no Senado. Aquele ambiente de dúvidas e tensões aumentava a tendência de um final antecipado da CPI.

Depois da sessão em que votamos os requerimentos de convocação dos cartolas, voltei ao meu gabinete para a análise de rotina com a equipe da CPI e acertos das próximas etapas.

Enquanto conversávamos, a imprensa esportiva repercutia nas redes sociais os requerimentos de novas convocações, aprovados poucos minutos antes. Mas não durou muito para surgir uma informação bombástica, que provocaria, de vez, a paralisação dos trabalhos da CPI: a votação dos requerimentos de convocação foi questionada. A CBF entrara em campo, de novo, dessa vez acionando a cúpula do Senado, em resposta à nossa "ousadia" de chamar cartolas e empresários do esporte para se explicarem sobre graves indícios de falcatruas.

Em aparte durante a sessão ordinária do Senado Federal, o senador piauiense Ciro Nogueira (PP), membro da CPI do Futebol, me acusou de fazer "manobras" para garantir quórum na aprovação dos requerimentos.

Como já expliquei, durante a votação apenas eu e os senadores Randolfe Rodrigues e Zezé Perrella estávamos na sala da CPI. Mas as votações simbólicas e em bloco são práticas tradicionais na casa, mesmo com quórum reduzido, desde que com registro de presenças.

Em decorrência dessa tentativa de anular a votação, o presidente do Senado, Renan Calheiros, pediu à Secretaria Geral da mesa uma investigação do ocorrido.

No dia seguinte, diante da comprovação da legalidade da votação, Renan disse que não acolheria a questão de ordem de Ciro Nogueira. Mas, estranhamente, determinou que a CPI do Futebol realizasse nova votação, "a fim de que não restem dúvidas sobre a lisura e a transparência dos trabalhos naquela Comissão...".

No parecer, Renan reconheceu que não houve ilegalidade, quer no registro das assinaturas dos senadores, quer na votação. E reforçou: "Face à não ocorrência de violação frontal à norma regimental, deixo de deferir a questão de ordem apresentada pelo senador Ciro Nogueira".

LEGALIDADE EM TODOS OS ATOS

Abro espaço para um registro que não pode ser ignorado.

A manifestação de Renan foi um "atestado" que comprovou a seriedade de meu comportamento parlamentar, principalmente à frente da CPI do Futebol. O presidente do Senado mandou investigar a "legalidade" de uma sessão da CPI por mim presidida e, ao final, declarou que não houve "violação frontal à norma regimental".

A partir da declaração de Renan Calheiros, reagi. Com a equipe de assessores da CPI, redigimos uma manifestação, a qual li em plenário quando apresentei como argumento artigos do Regimento Interno que mostravam a normalidade e a legalidade do ato que presidi.

Reforçando a minha tese, o senador Magno Malta (PR-ES) lembrou que uma nova votação nunca havia sido usada em outras CPIs. A senadora Lídice da Mata (PSB-BA) também se posicionou com um alerta: "Se prevalecer esse tipo de interpretação, não haverá mais votação simbólica em comissões ou CPIs".

O recurso e os apoios não adiantaram. Em nova decisão, Renan Calheiros anunciou o encaminhamento do assunto à Comissão de Constituição e Justiça (CCJ). E, em uma semana, o senador Benedito de Lira emitiu relatório com parecer que também comprovava a legalidade dos atos da sessão que presidi.

Inconformado com a manifestação do colega, Ciro Nogueira tentou convencer Benedito de Lira a mudar o seu parecer. Além de não conseguir, ouviu mais: "Não mudo nem retiro meu voto. Não devo nada à CBF, Ciro, não devo um único centavo a ela", disse Lira, encerrando o assunto.

O parecer do senador Lira precisava ser aprovado no plenário da Comissão de Constituição e Justiça. Mas, no dia da reunião, o presidente da Comissão, senador José Maranhão (PMDB-PB), retirou da pauta o relatório de Benedito de Lira, a pedido do próprio relator, que alegou "ser preciso reavaliar". Foi uma estranha decisão, vinda de alguém que estava irredutível... E, mais uma vez, registrava-se a poderosa força da CBF sobre os parlamentares.

A partir daí minha preocupação aumentou. O prazo para findar a CPI era 18 de dezembro. Para complicar, a situação político-institucional se agravava e influenciava a rotina parlamentar, com prioridade para a votação do impeachment de Dilma Rousseff. Isso significava que as pautas das comissões em geral ficavam em segundo plano. A maior parte do tempo dos parlamentares era dedicada ao acalorado debate do processo sobre o impeachment. Eu, inclusive, fui indicado pelo meu partido (PSB) como membro da Comissão, mas tinha consciência de que precisaria dividir o tempo para não perder o foco da CPI do Futebol.

Era nesse quadro e com poucos apoios que eu e a equipe tentávamos dar sustentação à CPI. Enquanto isso, a Comissão Especial do Impeachment tinha reuniões exaustivas, que chegavam a mais de sete horas ininterruptas. Depois de uma semana de muita discussão, foi aprovado o parecer do relatório do senador Antonio Anastasia (PSDB-MG), por 15 votos a 5, favorável à continuidade do processo que pedia a cassação da presidente da República.

A admissibilidade do impeachment foi encaminhada para discussão no plenário, com votação final em 11 de maio. Foi uma sessão histórica que durou vinte horas, terminando às 7h da manhã do dia 12. Ao final, o placar acusou 55 votos favoráveis à abertura do processo de cassação de Dilma Rousseff. Eu fui o 11º senador a votar, pela admissão do processo de impeachment.

Enquanto isso, os demais assuntos pararam no Senado Federal. Nem as sessões deliberativas eram realizadas. Mas, nos bastidores, a equipe técnica da CPI continuava trabalhando, porque havia muito material para análise, cruzamento de informações, confirmações de dados etc.

JUCÁ QUIS PARAR A LAVA JATO

Em 12 de maio de 2016, o Senado Federal afastou Dilma Rousseff da Presidência da República por até 180 dias, enquanto correria o processo de impeachment, em sessões de acusação e defesa, presididas pelo ministro do STF, Ricardo Lewandowski.

Ao assumir interinamente a Presidência da República, sob fortes protestos da oposição, o vice Michel Temer anunciou o seu ministério, com Romero Jucá sendo nomeado para o Planejamento. Explicava-se, assim, o motivo de o senador ter entregado o seu relatório à CPI do Futebol uma semana antes. Porém, o mandato de Jucá no Planejamento durou apenas doze dias.

A gravidade da crise na economia dominava o noticiário, mas perdeu espaço na manhã de 23 de maio, diante da manchete da *Folha de S. Paulo* que envolvia Romero Jucá, um dos principais aliados do governo provisório:

A revelação do repórter Rubens Valente dizia que Romero Jucá, um dos arquitetos do PMDB para levar o vice-presidente Michel Temer ao poder, estava no olho de um furacão político.

Numa conversa telefônica com um ex-presidente da Transpetro, Sérgio Machado, Jucá sugeria "mudar o governo para estancar essa sangria".

Em gravação liberada pela Polícia Federal, Jucá sugeria pacto entre os poderes para deter a Lava Jato.

Ao final do mesmo dia, Jucá afirmou aos jornalistas que a expressão "sangria" referia-se ao grave momento da economia. A explicação não colou, e o ministro ficou muito mal na fita. Estava claro no diálogo gravado que "sangria" era o avanço da Lava Jato, com possibilidade de chegar a nomes de peso do Senado Federal, entre eles o do presidente da Casa, Renan Calheiros. E isso era péssimo para um governo que estava se instalando com promessas de combate à corrupção. Como Temer justificaria aliados assim?

À noite, já sem argumentos convincentes, Jucá pediu as contas e foi "exonerado a pedido", como publicou o *Diário Oficial da União* no dia seguinte.

A SELEÇÃO CAIU. DUNGA TAMBÉM

Enquanto o país acompanhava a intensa e nervosa discussão política, o futebol continuava com suas rodadas do Campeonato Brasileiro e a participação da Seleção Brasileira na 100ª Copa América, em junho de 2016, nos Estados Unidos. Nosso time foi um fracasso, e não passamos da primeira fase.

O pior é que o time de Dunga apresentou um futebol sem criatividade e sem vibração dos jogadores. Ver jogos da Seleção naquele momento era muito triste.

Na verdade, fomos eliminados pelo conjunto da obra, como se diz. Tínhamos um amontoado de jogadores sem funções em campo e nenhuma tática. Uma zona, um desastre. A Seleção lembrava os bastidores da CBF. Era o reflexo da desordem na gestão esportiva: total falta de confiança, falta de liderança e furos em todos os lados.

Naquele ambiente, faltou até a figura de um presidente responsável à frente do grupo. Um presidente que tivesse comando e respeito. E Del Nero não era essa pessoa. Nem saiu do Brasil, com medo enorme do FBI e da Interpol.

Com a Seleção eliminada da Copa América, o técnico Dunga e o coordenador de seleções, Gilmar Rinaldi, foram demitidos. Tite assumiu e deu aval ao técnico Rogério Micale para dirigir a Seleção nos Jogos Olímpicos do Rio de Janeiro.

Micale já vinha de bons resultados na Seleção Sub-20. Baiano e com perfil disciplinador, ele levou a equipe brasileira à inédita conquista da medalha de ouro olímpica, com vitória sobre a Alemanha, na final, com dois gols de Neymar. Foi uma conquista que voltou a dar alegria e esperança ao torcedor e, principalmente, redimiu várias gerações de jogadores da Seleção, a minha, inclusive, prata nos Jogos de Seul, em 1988.

A demissão de Dunga e a conquista olímpica aliviaram as pressões da imprensa sobre Del Nero, mas ele continuava no fogo cruzado das investigações internacionais. E, se Tite colocou ordem na equipe, a ponto de encerrar o ano de 2016 com a Seleção evoluindo do sexto para o primeiro lugar na classificação das eliminatórias à Copa de 2018, na gestão da CBF as suspeitas de irregularidades aumentavam à medida que a CPI avançava nas investigações.

Volto ao técnico Dunga. Éramos amigos. Fomos campeões mundiais em 1994, quando ele foi o capitão da equipe. Bons tempos, mas isso passou...

Em 2015, quando Dunga estava no comando da Seleção, fiz críticas que foram publicadas no jornal italiano *La Gazzetta dello Sport*. Dunga não gostou, alegou que teve a honra atacada e foi à Justiça pedir a minha condenação por crimes de difamação e injúria. Só porque afirmei que havia outros motivos, além do bom futebol, por trás das convocações para a Seleção. Gilmar Rinaldi, que era o coordenador da Seleção, também foi à Justiça, e os dois ainda enviaram denúncia ao Conselho de Ética do Senado Federal, que arquivou o processo. Já no Supremo Tribunal Federal, o ministro Marco Aurélio Mello rejeitou a queixa de Dunga. Ainda aguardo a decisão do processo de Gilmar Rinaldi.

Desse episódio me resta a certeza de que foi mais uma ação da CBF para tentar me prejudicar, espécie de represália ao meu desempenho na CPI do Futebol.

ÉPOCA E *VEJA* SE DÃO MAL

Fora do futebol, as denúncias sobre políticos envolvidos em operações da Polícia Federal – principalmente a Lava Jato – se sucediam, aumentando a tensão nos corredores, gabinetes e plenários do Congresso Nacional. As novidades sobre a corrupção, que incluíam a Petrobras e o pagamento de propinas por meio da construtora Odebrecht, vinham das gravações de executivos presos em Curitiba. Em troca da redução de suas penas, eles revelavam detalhes, valores, datas e locais dos repasses de dinheiro público para políticos. A grana saía do superfaturamento de obras públicas federais e estaduais tocadas pela empreiteira. O esquema vinha dos anos 1980, como denunciou Emílio Odebrecht, presidente do Conselho de Administração do conglomerado.

Conforme uma tabela entregue à Procuradoria Geral da República pelo ex-executivo da Odebrecht, Hilberto Mascarenhas, o Departamento de Propinas pagou 3,37 bilhões de dólares (10,6 bilhões de reais) a políticos, por meio de caixa dois para campanhas eleitorais, entre 2006 e 2014.

Fechadas as delações e investigações, vieram os primeiros indiciamentos políticos. No início de abril de 2017, o relator da Operação Lava Jato no Supremo Tribunal Federal, ministro Edson Fachin, determinou a abertura de inquérito contra 76 políticos investigados por corrupção, atendendo ao pedido da Procuradoria-Geral da República.

A revelação dos nomes foi bombástica, pois na lista constavam os presidentes da Câmara, deputado Rodrigo Maia; do Senado, Eunício Oliveira; 8 ministros, 24 senadores e 40 deputados federais. Fachin também remeteu a instâncias inferiores 201 outras citações dos que não têm foro privilegiado, entre eles os ex-presidentes Luiz Inácio Lula da Silva, Dilma Rousseff e Fernando Henrique Cardoso. Conforme registros na imprensa, todos os envolvidos negaram a prática de irregularidades e afirmaram que o dinheiro recebido era legal e havia sido declarado na prestação de contas das campanhas eleitorais.

Nesse panorama, a República estava em pânico, e a situação pioraria muito mais.

A revelação da lista do ministro Fachin causou surpresa e decepção nos meus adversários. Eles esperavam ver o meu nome entre os beneficiados com propinas da Odebrecht, pois o jornalista Felipe Coutinho, da revista *Época*, havia publicado que eu havia recebido 100 mil reais de Marcelo Odebrecht para a campanha eleitoral de 2014, que me elegeu ao Senado.

Segundo o jornalista, o meu nome "surgiu a partir de mensagens de celular trocadas entre Marcelo Odebrecht e seu subordinado, Benedicto Barbosa Silva Júnior, logo após as eleições de

2014". Benedicto era um dos executivos da construtora que mantinha o controle de repasses em dinheiro a vários políticos, conforme investigações da Polícia Federal. No mesmo dia dessa notícia fui ao encontro da Polícia Federal entregar autorização para abrir os meus sigilos bancário e telefônico.

Durante as investigações da Lava Jato provou-se que eu não havia recebido nada. Absolutamente nada! A confirmação veio do responsável pela área de Relações Institucionais da Odebrecht, Cláudio Melo Filho. Em depoimento à Polícia Federal, ele declarou que eu não recebi doações porque, em 2014, eu "aparecia na frente de uma placa da Odebrecht falando mal dos estádios construídos por nós". Falei mesmo, e declarei aos jornalistas que acompanhavam a minha visita que as obras para a Copa do Mundo promoveriam a maior roubalheira nos cofres públicos. E o que estamos vendo hoje senão a revelação da corrupção nos megaeventos? Lamentavelmente, não aproveitaram a oportunidade da Copa do Mundo e dos Jogos Olímpicos para tornar este país mais desenvolvido no esporte.

Eu já havia enfrentado outras inverdades. Em novembro de 2015, a revista *Veja* noticiou que eu tinha conta em um banco da Suíça. Tive, mas quando joguei no PSV, da Holanda, entre 1988 e 1993. Para não deixar dúvidas, peguei um avião e fui lá conferir. A mesma revista veio ao Senado saber se eu havia viajado à custa da verba de gabinete. Errou de novo, pois comprei passagem e paguei hospedagem do meu bolso. Quando retornei, trouxe uma declaração do banco: nada havia em meu nome.

Antes de viajar, fui ao gabinete do procurador-geral da República, Rodrigo Janot. Entreguei a ele um ofício em que pedia investigação da denúncia por meio de consulta oficial à Procuradoria da Justiça da Suíça. Três meses depois, recebi as respostas dos titulares do Ministério Público da Suíça, Patrick Udry e Laetitia Leibzig, e de Lea Sonego e Filippo Recalcati, que assinaram pelo Banco BSI S/A, afirmando que não foi encontrada nenhuma conta em meu nome.

INFANTINO EVITA OS CARTOLAS DA CBF

Com as investigações do FBI sobre o escândalo internacional do futebol chegando aos cartolas brasileiros, as relações entre a CBF e o presidente da FIFA, Gianni Infantino, ficaram distantes. Ele nem compareceu ao sorteio dos grupos para o torneio de futebol dos Jogos Olímpicos do Rio de Janeiro, solenidade que tradicionalmente tem a presença da autoridade maior da FIFA.

Infantino, ex-secretário-geral da UEFA (União das Federações Europeias de Futebol), foi eleito presidente da FIFA em fevereiro de 2016 e, desde então, não manteve contato oficial com a direção da CBF. Além disso, bloqueou a remessa de 100 milhões de dólares prometidos ao futebol brasileiro a título de "legado da Copa". Houve tentativa para desbloquear o dinheiro, mas, com Marco Polo Del Nero denunciado pela Justiça americana no escândalo FIFA *Case*, a liberação acabou adiada.

Além da CBF, o Comitê Organizador Local da Copa do Mundo de 2014 estava sob suspeitas. Uma auditoria contratada pela FIFA analisava as prestações de contas para identificar se tinham fundamento as denúncias da imprensa sobre desvios de dinheiro durante a competição.

Depois da prisão de cartolas na Suíça, novos ventos sopraram a favor do "jogo limpo". As iniciativas na FIFA, pelo menos, eram nesse sentido.

Já, no Brasil, mantinha-se o esquema suspeito ainda do tempo de Ricardo Teixeira, o que também mantinha a CBF na reserva moral do futebol mundial.

AS SUSPEITAS RELAÇÕES DO STJD COM A CBF

O HD do computador de Marco Polo Del Nero, apreendido pela Polícia Federal na Operação Durkheim, em 2013, guardava e-mails trocados com o então procurador do Superior Tribunal de Justiça Desportiva (STJD), Paulo Schmitt. Uma dessas mensagens revelava a interferência direta da presidência da CBF em punições aplicadas pelo Tribunal. No episódio analisado pela equipe da CPI do Futebol – 2015, o Atlético-MG figurava como o grande prejudicado.

Volto a 21 de outubro de 2012, no jogo Atlético-MG e Fluminense, no Estádio Independência, pelo Campeonato Brasileiro. Inconformada com a série de erros da arbitragem nos jogos daquela temporada, a torcida mineira exibiu uma faixa com a crítica: "O apito é tricolor carioca". Os torcedores também formaram um mosaico com a sigla "CBF" nas cores do Fluminense (branco, verde e grená) e exibido de cabeça para baixo, indicando que o tricolor carioca era beneficiado pelas falhas dos árbitros.

A manifestação dos torcedores provocou a reação do procurador do STJD, Paulo Schmitt. Ele escreveu a Del Nero, então vice-presidente da CBF, e ao diretor jurídico Carlos Eugênio Lopes, conforme e-mail que está nos arquivos da CPI:

> Iremos denunciar (o protesto) com vistas à interdição do estádio do mandante [...] Uma coisa é certa: não vamos nos intimidar por opinião de parte da imprensa, blogueiros, esculhambadores de plantão.

Na primeira instância, o Atlético-MG foi absolvido, mas, como prometera Schmitt, a punição foi aplicada pelo STJD: multa de 10 mil reais.

Conforme a legislação, os tribunais de justiça desportiva "são unidades autônomas e independentes das entidades de administração do desporto de cada sistema". Mas, na prática, não é bem assim: no caso do futebol, o STJD é íntimo da CBF.

Em março de 2016, um manifesto dirigido à presidência da CBF, assinado pelos presidentes dos principais clubes, acusava Paulo Schmitt de arbitrariedades. E, ao lembrar que ele completava dez anos no cargo, os cartolas denunciaram:

> Ademais, cumpre destacar que os episódios nos quais o dr. Paulo Schmitt foi implicado, notadamente os que dizem respeito à utilização de ingressos para a Copa do Mundo de 2014 no Brasil, bem como a influência de terceiros em decisões de competência da Justiça Desportiva do Futebol, lamentavelmente colocam em xeque a imparcialidade e a isenção devidas no exercício de sua função.

Em seguida, os dirigentes pediam o "imediato afastamento do procurador de suas funções, até que sejam apurados os fatos a ele imputados" – referentes a doações de ingressos da CBF para jogos do Brasil na Copa do Mundo de 2014.

Na imprensa, o jornalista André Kfouri repercutia aquela realidade de falta de independência em um artigo no diário *Lance* de 3 de abril de 2016:

> O STJD não é mais do que um departamento da CBF, um acessório que faz as vontades da confederação em um jogo de movimentos pretensamente confiáveis cujo desfecho sempre agrada à cartolagem. A contrapartida para o procurador é o status de eminência nos corredores, as oportunidades geradas por ele (como um contrato milionário de assessoria jurídica para a Confederação Brasileira de Basquete, entidade prejudicada por uma gestão financeira suicida) e benesses como ingressos para os jogos da Seleção Brasileira na Copa de 2014 e viagens a Nova York.

Finalmente, em junho de 2016, ao completar dez anos no cargo, Paulo Schmitt afastou-se de vez. O advogado Felipe Bevilacqua, um dos três indicados da CBF, foi o escolhido pelo pleno do STJD para assumir a procuradoria.

Na verdade, esse assunto não é novo. O livro *Os descaminhos do futebol* (Verano, 2001), do jornalista Jaime Sautchuk, revela que na CPI do Futebol de 2001, no Senado Federal, o tema já fora debatido entre os parlamentares, que concluíram:

> Da forma como está, essa justiça (desportiva) tornou-se uma anomalia judiciária, que homologa decisões dos cartolas. É impensável, por exemplo, ganhar alguma ação contra a CBF na Justiça Desportiva.

O SILÊNCIO DE RENAN

Volto à rotina da CPI do Futebol – 2015. Chegamos ao mês de junho de 2016 sem que o presidente do Senado, Renan Calheiros, respondesse à questão de ordem para liberar a convocação de novos depoentes à CPI do Futebol, entre eles o presidente da CBF, Marco Polo Del Nero, o ex-presidente, Ricardo Teixeira, o diretor da CBF para o Nordeste, Gustavo Dantas Feijó, e seu filho, Felipe Feijó, atual presidente da Federação Alagoana de Futebol.

Como muitos jornalistas previram, Renan estava disposto a "melar" a CPI. Mas, para mim, havia espaço para avançar, e eu ainda tinha bom fôlego para a prorrogação.

Ao apresentar o seu relatório conclusivo três meses antes de se encerrarem os trabalhos da CPI, Romero Jucá sinalizou que não queria debater mais nada, apesar da importância dos nomes aprovados para convocação. Seriam depoimentos para esclarecer dúvidas, por exemplo, sobre transferências de dinheiro da CBF para a Federação Alagoana de Futebol e irregularidades identificadas no Comitê Organizador da Copa 2014. Entre outras suspeitas, buscávamos esclarecer se a CBF teria usado caixa dois para financiar parte da campanha de Gustavo Dantas Feijó, eleito prefeito de Boca da Mata, município de Alagoas, na eleição municipal de 2016.

Tínhamos informações concretas, como a troca de e-mails em que Feijó pedia para Del Nero remeter o restante do dinheiro acordado com o ex-presidente da CBF, Ricardo Teixeira. Coincidentemente, boa parte dos membros da CPI entrava em alvoroço quando o nome de Gustavo Feijó era citado no ambiente de nossas reuniões, como se esse senhor guardasse informações valiosas sobre alguma ilegalidade e, por isso, fosse muito bom mantê-lo longe das investigações. E assim conseguiram. Para tal, foi decisiva a estratégia do presidente do Senado, Renan Calheiros, de não levar ao plenário o parecer da Comissão de Justiça sobre a legalidade da votação da CPI que convocou cartolas para depor. Coincidentemente, Renan é do estado de Alagoas, onde estava o enigma financeiro que queríamos esclarecer.

Diante do silêncio de Renan Calheiros, decidi ir ao Supremo Tribunal Federal na tentativa de reverter o jogo e reativar os trabalhos da CPI do Futebol. Numa medida cautelar em mandado de segurança, pedi a anulação e/ou a suspensão dos efeitos do ato do presidente do Senado para que a CPI continuasse seus trabalhos de investigação. Solicitei, também, a anulação do ato de Renan Calheiros que determinou a realização de nova votação dos requerimentos aprovados na sessão da CPI de 6 de abril, mantendo, assim, os requerimentos de convocação aprovados naquela ocasião.

Duas semanas depois do meu recurso, o ministro Teori Zavascki, o mesmo que cuidava dos processos da Operação Lava Jato no STF, despachou, de forma burocrática, após as considerações de praxe:

> A questão, aparentemente, envolve matéria *interna corporis*. De outro lado, não há risco de dano irreparável que não possa aguardar a juntada de informações.

Acredito que tenha sido o último despacho do ministro em assuntos que envolviam o Senado Federal, pois em janeiro de 2017, lamentavelmente, ele morreu com outras quatro pessoas quando o avião bimotor em que viajava espatifou-se nas águas do mar, a dois quilômetros do pouso, na cidade de Paraty, no Rio de Janeiro.

Mas, ao citar em seu despacho que o meu recurso tratava de "*atos interna corporis*" (que deve ser resolvida pelo próprio poder), Teori Zavascki sinalizava que Renan Calheiros ficaria à vontade para levar o assunto ao plenário quando bem entendesse.

Renan, por sua vez, estava numa enrascada maior. Conforme investigações da Operação Lava Jato, ele era acusado de receber propinas que somavam 96,7 milhões de reais de forma compartilhada com outros políticos. A denúncia veio de colaboradores da Lava Jato, entre eles o ex-senador Delcídio do Amaral. Aos jornalistas, Renan desmentia as acusações.

Nesse panorama, restava-me a alternativa da "costura política", isto é, uma negociação com Renan. Mas ele não estava disposto a muita conversa, principalmente porque uma das minhas convocações aprovadas para depor na CPI era a do conterrâneo e amigo Gustavo Feijó, e ainda não se sabia se a "contribuição" da CBF à campanha política era exclusiva para Feijó ou para o PMDB de Alagoas, ao qual Renan Calheiros está filiado. Justifica-se, assim, tanta precaução em liberar as convocações aprovadas para depoimentos.

Enfim, estava claro que Renan deixaria o tempo passar, pois o prazo da CPI se esgotaria em 16 de agosto. Ele silenciaria as investigações no tempo regulamentar, não fosse a prorrogação da CPI que eu consegui.

A JUDICIALIZAÇÃO DA CPI

Os recursos dos cartolas à Justiça contra as intenções da CPI eram previstos, e foi assim que conseguiram barrar o acesso a importantes documentos, como os vários contratos e acordos publicitários da CBF, onde poderiam estar escondidos artifícios para o pagamento de propinas.

É importante ressaltar que, apesar das inúmeras dificuldades institucionais, obstáculos políticos e entraves jurídicos, a CPI que presidi investigou e levantou, legalmente, importantes evidências que indicam a prática de atos ilícitos de diversas naturezas dentro da Confederação Brasileira de Futebol e do Comitê Organizador Local da Copa do Mundo de 2014. E o comum entre essas duas entidades é que compartilham não apenas os dirigentes, mas também o delituoso *modus operandi*, como demonstrarei mais adiante, onde faço o resumo do relatório alternativo que apresentei.

Lamentavelmente, a obstrução movida pela bancada da CBF na CPI, inviabilizando novas quebras de sigilo que confirmariam os achados da primeira leva, acabou por limitar o alcance desses achados. Mas as informações levantadas estão maduras para o prosseguimento das investigações por parte dos órgãos competentes, que receberam o relatório alternativo.

PRORROGAÇÃO, O JOGO CONTINUA

Em julho de 2016 completaram-se quatro meses sem sessões da CPI do Futebol, travadas pelo silêncio do presidente do Senado, Renan Calheiros, bem de acordo com os interesses da CBF. O prazo para se encerrarem os trabalhos se arrastava para um triste final.

Foi nessa situação que reuni a equipe da CPI para um balanço, quando constatamos que a elaboração do relatório alternativo estava bem adiantada. Era um documento contundente, com informações valiosas a partir de análises de documentos sigilosos – bancários, fiscais, telemáticos e telefônicos – que comprovavam gravíssimas irregularidades e abusos de poder dos dirigentes da CBF. Naquela reunião também avaliamos o preocupante momento político, a crise institucional e o processo de impeachment da presidente Dilma Rousseff, que dominava o debate no Congresso e fora dele. Além disso, aproximava-se a campanha para as eleições municipais, em outubro, que já mobilizava os políticos em suas bases. Para completar, de 5 de agosto a 18 de setembro o país estaria envolvido com os Jogos Olímpicos e Paralímpicos do Rio de Janeiro, o que atrairia vários parlamentares para os grandiosos eventos. Tudo ajudava a esvaziar os trabalhos no Senado e, por extensão, a reta final da CPI.

Enquanto eu conversava com a equipe, abateu-se sobre mim um sentimento de tristeza. Como jogador de futebol, perdi muito no campo, mas brigava até o final. Muitas vezes, consegui virar o placar de alguns jogos difíceis. Agora, no campo político, além de a disputa ser contra o poderoso *lobby* da CBF, eu enfrentava parlamentares que a apoiavam e ajudavam a esvaziar o plenário da CPI. Ou a enchê-lo, quando conveniente. A luta era desigual, e eu precisava de uma saída para motivar a equipe.

Entre dúvidas e o desejo de apresentar um bom relatório alternativo, indaguei se poderíamos prorrogar a CPI. A resposta foi afirmativa. Era possível ir adiante por mais seis meses, desde que fossem cumpridas as exigências regimentais.

— Então vamos em frente. Se eles [a turma dos 7 x 1] querem a guerra, vamos para a guerra. Preparem o requerimento pedindo a prorrogação, que vou conseguir as assinaturas necessárias.

Era a hora do tudo ou nada. O requerimento foi elaborado em menos de uma hora. A principal justificativa para o pedido era o atraso na leitura do parecer da Comissão de Constituição e Justiça, referente à reunião de convocações de cartolas. O argumento era um recado direto ao presidente Renan Calheiros:

> O inexplicável descumprimento das regras regimentais acima transcritas paralisou os trabalhos da CPI do Futebol desde o dia 7 de abril último, subtraindo, portanto, o período de abril a julho, indispensável para o aprofundamento e a conclusão do inquérito parlamentar em curso.

Com o requerimento em mãos, fui a campo. Era uma quarta-feira, dia de plenário cheio. Eu precisava de 23 assinaturas para prorrogar a CPI. Consegui 54 em apenas duas horas de contato com os meus colegas.

É claro que exagerei no número de assinaturas, praticamente o dobro do necessário. Mas, se eu ficasse no limite, correria o risco de alguns senadores retirarem suas adesões, o que é normal, e frustrarem a prorrogação.

Com tudo certinho, encaminhei o requerimento à mesa para ser lido pelo presidente, Renan Calheiros. Passou a primeira semana, e nada de leitura. Na quarta-feira seguinte, decidi cobrar. O senador Randolfe Rodrigues havia antecipado que me apoiaria com um breve pronunciamento.

Estávamos na penúltima semana de trabalho do primeiro semestre, e a ordem do dia, com votações importantes, motivou boa presença de parlamentares naquela sessão. Preparei um discurso de apenas cinco pequenos parágrafos, que couberam em uma lauda. Antes, conversei com o diretor da Secretaria-Geral da Mesa, Luiz Fernando Bandeira de Mello Filho, que me alertou:

— Senador, leia apenas os dois primeiros parágrafos de seu pedido.

Entendi o recado. Experiente executivo parlamentar, Bandeira era o homem de confiança de Renan, com quem conversava diariamente sobre as pautas que iriam à votação, conforme acertos com os líderes dos partidos. Naquela sugestão de Bandeira senti que ele já havia acertado com o presidente Renan para fazer logo a leitura do requerimento de prorrogação da CPI. Poucos minutos depois eu estava ao microfone e, antes que começasse o segundo parágrafo do discurso, Renan me aparteou: "Senador Romário, fique tranquilo. Farei a leitura do requerimento ainda hoje".

E assim fez, encaminhando, logo, o requerimento à publicação. A CPI do Futebol, enfim, estava prorrogada. Gol aos 49 minutos do segundo tempo. Eu e a equipe ganhamos fôlego para avançar nas investigações.

O CASO FIFA

Apesar das inúmeras notícias sobre corrupção na CBF, o fato definitivo que provocou a instalação da CPI do Futebol foi a operação deflagrada pelo Departamento de Justiça dos Estados Unidos na Suíça, em maio de 2015, que resultou na prisão de José Maria Marin e de outros cartolas do futebol mundial.

A ação coordenada pelo Departamento de Justiça dos Estados Unidos na Suíça, contra atos de corrupção e outros crimes praticados pelos dirigentes da FIFA e de suas seis confederações continentais (Concacaf, UEFA, AFC, Conmebol, CAF e OFC), mundialmente conhecidos como FIFA *Case* ou "Fifagate", demonstrou que a corrupção no futebol existe, e não só no Brasil.

A Justiça norte-americana, mais precisamente The United States District Court Eastern District of New York, tornou pública a denúncia com rol de acusados, relacionando José Maria Marin, que à época ocupava, também, cargos nos comitês executivos da FIFA e da Conmebol.

Logo depois que a CPI foi instalada, requeri ao Serviço de Tradução do Senado Federal a transcrição da denúncia americana para língua portuguesa, com vistas a uma melhor interpretação dos fatos investigados pela Justiça dos Estados Unidos.

E, de fato, a denúncia oferecida pela Corte de Nova York apontava que José Maria Marin, com outros dirigentes do futebol sul-americano, formou um grupo criminoso no futebol. O esquema envolvia a solicitação, o recebimento e pagamentos de subornos de agências de marketing esportivo durante negociação de direitos de transmissão de torneios, como a Copa do Brasil, a Copa Libertadores e a Copa América. Outros crimes foram praticados, como extorsão, fraudes financeiras e lavagem de dinheiro, com enormes prejuízos às entidades continentais de futebol e, principalmente, à FIFA.

Os documentos oficiais da Corte de Nova York revelam que Marin e os corréus, com abuso de suas posições de confiança e em violação aos seus deveres de ofício junto aos comitês dos quais faziam parte, corromperam a FIFA e demais confederações ao empreenderem diversas atividades criminosas em busca de benefício pessoal e comercial.

Para promover seus objetivos corruptos, Marin e o restante da quadrilha forneciam ajuda e proteção mútuas. Os membros da corja adotaram condutas para evitar a descoberta de suas atividades ilegais, no sentido de encobrir a posse e a localização dos lucros auferidos pelas atividades delituosas e promover a continuidade dessas operações.

O modo de agir incluía, dentre outros recursos:

- o uso de contratos de "serviços de consultoria" para mascarar pagamentos ilícitos;
- o uso de intermediários de confiança, como banqueiros, consultores financeiros e cambistas, para facilitar a realização de pagamentos ilícitos;

- a criação e o uso de empresas de fachada e contas bancárias em paraísos fiscais e outras jurisdições bancárias secretas;
- a ocultação ativa de contas bancárias no exterior;
- a estruturação de transações financeiras para evitar exigências de emissão de relatórios das transações monetárias;
- transporte ilegal de dinheiro em espécie;
- compra de bens imobiliários e outros ativos físicos;
- sonegação de imposto de renda e obstrução da justiça.

PROPINAS NA COPA DO BRASIL

A denúncia americana revela um esquema levado a efeito pelos dirigentes da CBF nas edições da Copa do Brasil. No período entre 1990 e 2009, o Grupo Traffic, de José Hawilla, celebrou uma série de contratos com a CBF para adquirir os direitos comerciais associados a esse torneio.

A narrativa que se segue é a tradução dos documentos da Justiça americana, que publiquei no relatório alternativo da CPI. Por lá, os ilustres dirigentes daqui são tratados como "membros da quadrilha", seguindo-se a numeração da ação investigada.

Mesmo sintetizado, o documento da Justiça americana é um pouco extenso, mas ele é importante para mostrar, de forma didática, como ocorriam os subornos do futebol brasileiro. Lamentavelmente, não foi a polícia nem a Justiça brasileiras que fecharam esse circuito. Confira:

> Ao longo desse período, o membro da quadrilha nº 11 (leia-se Ricardo Terra Teixeira), funcionário do alto escalão

da FIFA, da Conmebol e da CBF, solicitou e recebeu subornos do membro da quadrilha nº 2 (leia-se José Hawilla, sócio do Grupo Traffic), relativos à venda de direitos de transmissão de cada edição da Copa do Brasil a ser disputada de 2009 até 2014.

Ocorre que, em dezembro de 2011, ou por volta dessa data, outra empresa de marketing esportivo denominada "B" (leia-se Klefer Produções e Promoções Ltda., CNPJ 28.309.961/0001-00, de propriedade de Kleber Fonseca de Souza Leite), concorrente da Traffic, celebrou um contrato com a CBF para adquirir os direitos comerciais de todas as edições da Copa do Brasil entre 2015 e 2022.*

A fim de obter o contrato com a CBF, o membro da quadrilha nº 6 (Kleber Leite) viajou aos Estados Unidos para discutir o assunto com o membro da quadrilha nº 11 (Ricardo Teixeira), restando acordado um suborno anual para o então presidente da CBF, conforme fizera o membro da quadrilha nº 2 (leia-se J. Hawilla).

A assinatura do contrato acima exposto entre a empresa de marketing esportivo B (Klefer Produções e Promoções Ltda.) e a CBF resultou em uma disputa entre o membro da quadrilha nº 6 (Kleber Leite) e o membro da quadrilha nº 2 (J. Hawilla), resolvida em agosto de 2012, ou por volta dessa data, quando o Grupo Traffic e a empresa de marketing esportivo B (Klefer Produções e Promoções Ltda.) agruparam contratualmente os seus direitos de marketing para as futuras edições da Copa do Brasil, de 2013 a 2022, com igualdade nos lucros. Como parte do acordo, a Traffic concordou em pagar 12 milhões de

* Fonte: <http://trivela.uol.com.br/quem-sao-os-co-conspiradores-na-investigacao-fbi-sobre-corrupcao-na-fifa>.

reais à empresa de marketing esportivo B (Klefer Produções e Promoções Ltda.) durante o período contratual!

Além disso, o membro da quadrilha nº 6 (Kleber Leite) informou ao membro da quadrilha nº 2 (J. Hawilla) que continuaria fazendo os pagamentos de suborno ao membro da quadrilha nº 11 (Ricardo Teixeira). Disse, ainda, que o pagamento de suborno que tinha negociado originalmente com o membro da quadrilha nº 11 (Ricardo Teixeira) havia aumentado quando outros altos funcionários da CBF, incluindo José Maria Marin, que se tornou presidente da CBF em 2012, e o membro da quadrilha nº 12 (Marco Polo Del Nero) também solicitaram pagamentos de propina.

O membro da quadrilha nº 2 (J. Hawilla) concordou em pagar metade do custo correspondente ao suborno, no total de 2 milhões de reais por ano, aproximadamente 986 mil dólares, a serem distribuídos entre Marin, o membro da quadrilha nº 11 (Ricardo Teixeira) e o membro da quadrilha nº 12 (Del Nero).

O membro da quadrilha nº 2 (J. Hawilla) e o membro da quadrilha nº 6 (Kleber Leite) usaram os estabelecimentos de transmissão de dados e/ou recursos financeiros dos Estados Unidos em apoio ao esquema de suborno da Copa do Brasil, inclusive em conexão com as seguintes transferências eletrônicas nacionais e internacionais:

- No dia 5 de dezembro de 2013, transferência eletrônica de 500 mil dólares da conta da empresa de marketing esportivo B (leia-se Kleber Produções e Promoções Ltda.), no banco Itaú Unibanco em Nova York, Nova York, para uma conta correspondente no JP Morgan Chase em Nova York, Nova York, para crédito na conta de um fabricante de iates de luxo, no banco HSBC em Londres, Inglaterra.

- No dia 23 de dezembro de 2013, transferência eletrônica de 450 mil dólares da conta da Traffic Internacional, no Delta National Bank & Trust Co., em Miami, Flórida, para uma conta no Banco Itaú, em Nova York, Nova York, em nome da empresa de marketing esportivo B (leia-se Klefer Produções e Promoções Ltda.).

A denúncia evidencia ainda conversa entre José Maria Marin e o membro da quadrilha nº 2 (J. Hawilla), quando, em abril de 2014, ou por volta dessa data, Marin viajou para Miami, na Flórida, para participar de uma conferência de imprensa que anunciaria a Copa América Centenário, um torneio conjunto da Concacaf-Conmebol, oportunidade em que Marin teve uma reunião com o integrante da quadrilha nº 2 (leia-se J. Hawilla) sobre os pagamentos de propinas devidos a ele e ao quadrilheiro nº 12 (Del Nero), relacionados ao esquema da Copa do Brasil.

Em dado momento, quando o membro da quadrilha nº 2 (J. Hawilla) perguntou se era realmente necessário continuar a pagar subornos para o antecessor de Marin como presidente da CBF, Marin declarou: "Já era tempo de trazê-lo para nós. Não é verdade?". O membro da quadrilha nº 2 (J. Hawilla) concordou, afirmando: "Claro, claro, claro. Esse dinheiro tinha que ser dado a você", Marin concordou: "É isso mesmo, isso mesmo".

É oportuno consignar que a conclusiva associação nominal aos personagens que constam da peça de acusação americana foi amplamente divulgada pela imprensa.*

---

* Fonte: <http://trivela.uol.com.br/quem-sao-os-co-conspiradores-na-investigacao-fbi-sobre-corrupcao-na-fifa/>.

O sentido de interpretar o empresário Kleber Fonseca de Souza Leite (membro da quadrilha nº 6) e sua empresa Klefer Produções e Promoções Ltda. (empresa de marketing esportivo B) na denúncia estadunidense, apesar de nenhuma citação expressa, decorre de lógica compreensão do quadro fático probatório.

Por isso, obviamente, a ação de busca e apreensão de documentos na sede da Klefer (empresa de marketing esportivo B), levada a efeito pela Polícia Federal e pelo Ministério Público Federal, foi no dia 28 de maio de 2015 a pedido da Justiça americana.*

Ademais, o envolvimento espúrio entre Del Nero e Kleber Leite em fatos relacionados ao FIFA *Case* foi definitivamente revelado a partir do compartilhamento de provas com a Polícia Federal, que permitiu à CPI do Futebol – 2015 tomar conhecimento de e-mails como os que se seguem:**

Assunto: Re: RES: Copa do Brasil
De: Kleber Leite kleberleite@klefer.com.br
Para: Marco Polo Del Nero /O=FPF/OU=EXCHANGE ADMINISTRATIVE GROUP (FYDIBOHF23SPDLT)/CN=RECIPIENTS/CN=Mpdn;
Envio: 19/04/2012 18:25:03

Amigo,
Somente agora vi este seu email.
Precisamos conversar. Sugiro um papo na próxima Terça-feira. Se você puder e, estiver de acordo, é só me avisar local e hora. Tenha a certeza de que, o

* Fonte: <http://noticias.terra.com.br/pf-apreende-documentos-em-empresa-ligada-a--cbf,29f310ff7a120200c9736c6a1d9d390etp5fRCRD.html>.

** DOC SIGILOSO MID 28, fonte: <https://cpidfdq.senado.gov.br/JubarteWeb/lista.jsp>.

Mais importante para mim, além de preservar, é
"regar com amor" a nossa amizade, e, ao
Longo da vida representar para você
Solução e, nunca problema.
Aguardo. Beijo,
Kleber Leite.

Enviado via iPhone

Em 18/04/2012, às 14h58, Marco Polo Del Nero <presidencia@fpf.org.br> escreveu:

Caro Kleber

Segundo o pres. Marin, durante esses quase 20 anos de relação Globo/CBF/Federações os contratos foram firmados sem intermediários. Esse é um ponto de destaque na sua argumentação, sem entrar no mérito sob outra análise. Qualquer alteração nesse instante seria de profundo desgaste para a CBF. Ele pede que você procure entender e possamos todos com bom senso resolver a questão. Com respeito e carinho do amigo e irmão Marco Polo

De: lilian
Enviada em: quarta-feira, 18 de abril de 2012 13:40
Para: Marco Polo Del Nero
Assunto: ENC: Copa do Brasil

De: Kleber Leite [mailto:kleberleite@klefer.com.br]
Enviada em: quarta-feira, 18 de abril de 2012 12:14
Para: jose.marin@cbf.com.br; lilian

Cc: Marcelo Pinto
Assunto: Copa do Brasil

Prezados, Presidente Marin e, Presidente Marco Polo,

Com certeza, pelo momento agitado que a C.B.F. está passando, me ficou a clara sensação de que, pela quantidade de assuntos e pelo curto tempo que tivemos ontem na nossa reunião, nada ficou claro. Desta forma, através deste email, com mais calma, gostaria de abordar um dos assuntos, e importante, que é a Copa do Brasil.

Verbalmente, já havia comunicado ao Marco Polo, a possibilidade de uma renegociação com a Rede Globo, que tem contrato relativo aos direitos de TV para o Brasil, até 2014. Na oportunidade, comuniquei que, de forma informal, estava discutindo o tema com o nosso amigo Marcelo de Campos Pinto e, que havia me solicitado ele, após conversar com Otávio Florisbal, uma carta da C.B.F. autorizando a Klefer a desenvolver a referida negociação. Como o contrato da Klefer com a C.BF. relativo a este assunto específico começa em 2015, solicitei esta especial autorização e, posteriormente fui informado pelo Marco Polo de que, com relação aos anos de 2013 e 2014, o presidente Marin iria negociar direto com a Globo. Ontem, na nossa reunião, tive apenas tempo de enfatizar alguns pontos importantes, tais como: De que era um caminho saudável a negociação, com o rompimento do contrato atual e, imediatamente outro à partir de 2013, com término dependendo da negociação e, que pelo fato do nosso contrato começar em 2015, seria fundamental, juridicamente falando, a nossa presença para um possível acordo entre as partes, (CBF /Globo/Klefer) já que, pelo pleito da Globo em estender o contrato, ultrapassando o ano de 2015, a nossa presença era obviamente necessária. Também falei sobre a estratégia para a renovação, tomando por base, a negociação feita pela própria Globo no campeonato brasileiro de 2012, descontando-se as propriedades contempladas no Brasileiro e, que não façam parte da Copa do Brasil, como Pay-per-view e publicidade estática, para depois, simplesmente se comparando, importância, quantidade de jogos, jogos televisados e atingimento de um e outro, encontrar o valor justo para a Copa do Brasil. Em síntese, o que me parece não ter ficado claro na nossa reunião de ontem é que, com absoluta certeza, a Globo não concordará com um novo contrato à partir de 2013 sem que tenha garantido o direito de estender este contrato até pelo menos 2017 e, como o contrato de agenciamento da Klefer representando a C.B.F., começa em 2015, não há como ficarmos alijados neste momento de negociação. Da mesma forma, ratifiquei a nossa intenção em colaborar em todos os sentidos para um desfecho feliz. Espero ter sido claro e, desde já, me colocando à disposição, como sempre, dos queridos amigos.

Forte abraço,

Dando sequência ao FIFA *Case*, em dezembro de 2015 o Departamento de Justiça dos Estados Unidos, em sua página oficial na internet, publicou mais uma acusação do Tribunal Federal no Brooklyn, Nova York, contra outros dezesseis novos réus, pelos crimes de extorsão, fraude eletrônica e conspiração para lavagem de dinheiro, entre outros delitos, todos por meio de corrupção do futebol mundial.

Após livre tradução da nova denúncia, compreende-se que a peça acusatória incluiu altos funcionários da FIFA, responsável pela regulação e promoção do futebol em todo o mundo, bem como altos funcionários de outros órgãos de futebol que regem e que operam sob a égide da FIFA: Concacaf e Conmebol.

A importância da nova denúncia para a CPI do Futebol – 2015 foi a inclusão nominal de Marco Polo Del Nero e Ricardo Teixeira, este ex-presidente da CBF e o primeiro atual presidente da entidade, além de ex-membros do comitê executivo da FIFA.*

Assim, observa-se a correta interpretação dada acima acerca dos nomes cifrados na denúncia traduzida pelo Serviço de Tradução do Senado Federal.

Com efeito, os novos réus foram acusados de envolvimento em uma série de esquemas para solicitar e receber mais de 200 milhões de dólares em subornos e propinas com a venda de direitos de marketing sobre torneios internacionais de futebol e jogos.

Aliás, não por menos, a FIFA cobrou 20 milhões de reais de indenização de Del Nero, Teixeira e Marin, alegando que durante muitos anos os réus abusaram grosseiramente de seus cargos de confiança para enriquecimento, causando danos diretos e significativos para a FIFA, já que os escândalos de corrupção afetaram a imagem da entidade internacionalmente. **

---

* Fonte: <https://www.justice.gov/opa/pr/sixteen-additional-fifa-officials-indicted-racketeering-conspiracy-and-corruption>.

** Fonte: <http://www.valor.com.br/empresas/4483800/fifa-cobra-r-20-milhoes-de-indenizacao-de-del-nero-teixeira-e-marin>.

O HD REVELADOR DE DEL NERO

Além dos valiosos documentos recebidos da Justiça norte-americana, que desmontam qualquer reação contrária da quadrilha, outras importantes descobertas da CPI sobre a corrupção na CBF e no Comitê Organizador Local da Copa do Mundo de 2014 foram possíveis graças ao volumoso conteúdo de um HD apreendido pela Polícia Federal na casa de Marco Polo Del Nero em 26 de novembro de 2012, no contexto da Operação Durkein. À época, Del Nero era vice-presidente da CBF e presidente da Federação Paulista de Futebol.

A ação da PF, em 2011, com a prisão de 36 pessoas, buscava desarticular organizações criminosas, uma delas especializada na venda de informações sigilosas e outra voltada à prática de crimes contra o sistema financeiro nacional.

Advogado criminalista, Del Nero prestou depoimento na Polícia Federal e foi liberado. Em comunicado, o cartola declarou que teve problemas com um investigador contratado e que a busca da PF "nada tinha a ver com minhas atividades de direção na Federação Paulista de Futebol, com qualquer outra entidade desportiva ou mesmo com o exercício da advocacia".

Logo no início dos trabalhos da CPI, a equipe técnica lembrou da apreensão de equipamentos eletrônicos na casa de Del Nero. Foi assim que, por meios legais e oficiais, a CPI teve acesso ao conteúdo do HD de Del Nero. Isso permitiu avançar nas investigações e alcançar os ilícitos penais praticados no comando do futebol, como vou explicar.

Para atender aos seus objetivos, a CBF desenvolve atividades econômicas que exigem acordos comerciais com patrocinadores, contratos de marketing esportivo, para transmissão de eventos que ela organiza, contratos de direitos comerciais sobre amistosos da Seleção Brasileira, contratos para aquisição de bens e serviços, além das regulações e dos controles exercidos pela entidade, mediante encargos.

Nesse contexto empresarial, a CBF é alvo, há muitos anos, de inúmeras notícias de acusações criminosas sobre seus negócios e atividades, envolvendo os seus principais dirigentes e funcionários como recebedores de vantagens indevidas, em vez de promover o fortalecimento da entidade e da atividade principal que promove, o futebol.

COMO OCORREM AS JOGADAS SUSPEITAS

As ações criminosas identificadas pela CPI do Futebol – 2015 ocorrem de várias formas, mas todas com alguns elementos em comum: repetem, quase sempre, os mesmos procedimentos, executados pelas mesmas pessoas, como numa quadrilha bem articulada.

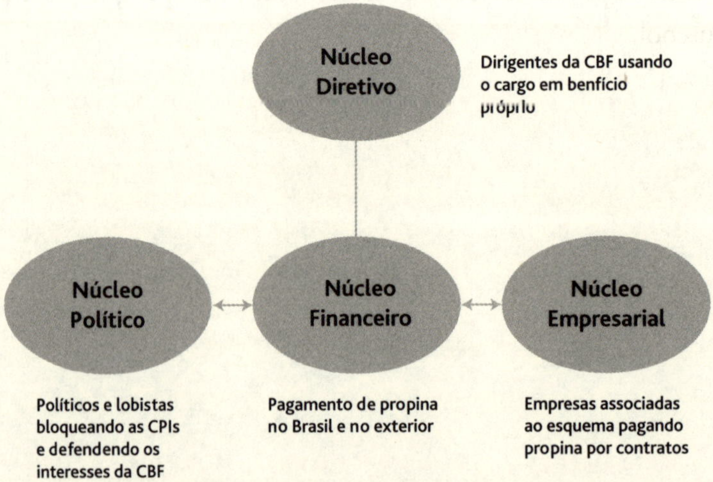

A seguir, detalho essas práticas, reproduzindo o texto que publiquei no relatório final que apresentei à CPI do Futebol – 2015.

Modus Operandi 1 – Contratos de fornecimento de bens e serviços

Dirigentes e funcionários da CBF, com os poderes inerentes aos cargos que ocupam, se associam a empresários, de forma estruturada e com divisão de tarefas, para obter vantagens indevidas, por meio de contratos para aquisição de bens e serviços previamente combinados com sobrepreço.

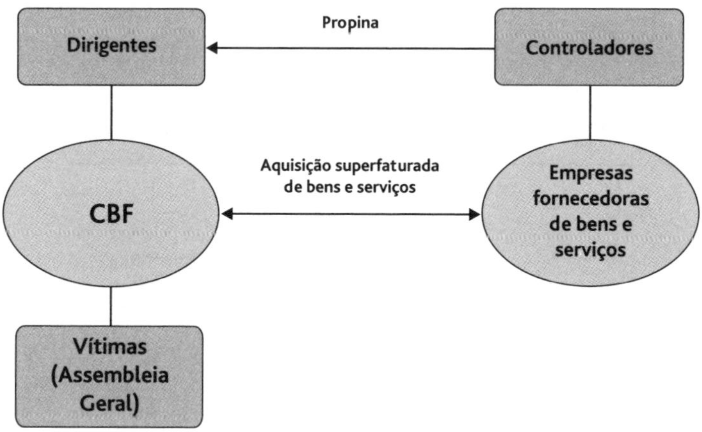

Sem o conhecimento dos órgãos que têm o dever de fiscalizar as contas da entidade, entre os quais a Assembleia Geral, os contratos são superfaturados, de maneira a financiar as propinas que a empresa contratada deverá pagar aos dirigentes e funcionários da CBF, em detrimento da própria entidade.

Os ativos escusos (dinheiro, bens e direitos) são repassados aos dirigentes e funcionários corruptos da CBF de maneira oculta ou dissimulada, por meio de diferentes operações de lavagem de dinheiro, em regra pela entrega de dinheiro em espécie, depósitos no exterior, simulação de empréstimos, bem como compra e venda de bens móveis e imóveis, com emprego de pessoas físicas ou jurídicas interpostas.

Modus Operandi 2 – Contratos de patrocínio

Nesse caso, os dirigentes e funcionários da CBF se associam a empresários de forma estruturada e com divisão de tarefas, para obter vantagens indevidas nos contratos de captação de patrocínios para a Confederação.

Empresas intermediárias, previamente ajustadas com a CBF, negociam com novos investidores interessados em patrocinar as atividades desenvolvidas pela entidade.

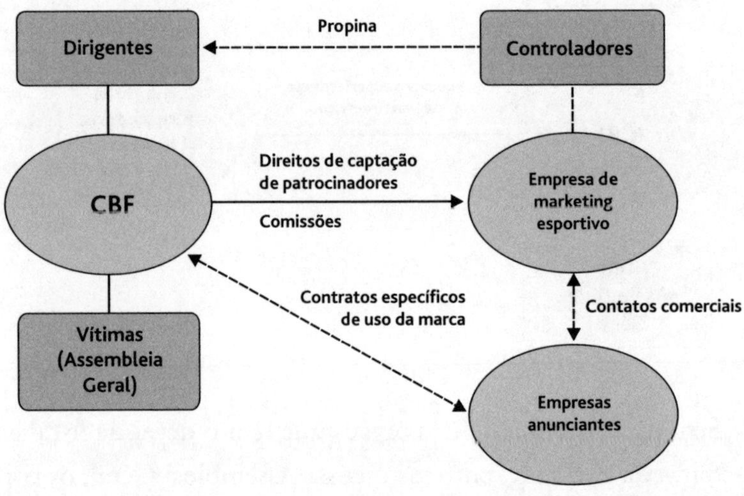

Contratualmente, a captação desses novos investidores é remunerada pela CBF e pelo patrocinador interessado, sendo que parte dos recursos recebidos pela empresa interposta é destinada ao pagamento de propinas aos dirigentes e funcionários corruptos da CBF, em detrimento da própria entidade e sem o conhecimento dos órgãos responsáveis em fiscalizar as contas da Confederação, como a Assembleia Geral.

Modus Operandi 3 – Contratos de marketing esportivo

Outra forma de ganhar dinheiro fácil usando a instituição do futebol ocorre com a parceria de dirigentes e funcionários da CBF com empresários. Eles se associam de forma estruturada e com divisão de tarefas, e os objetivos são vantagens indevidas nos contratos de direitos comerciais de marketing esportivo para a transmissão de eventos organizados pela Confederação.

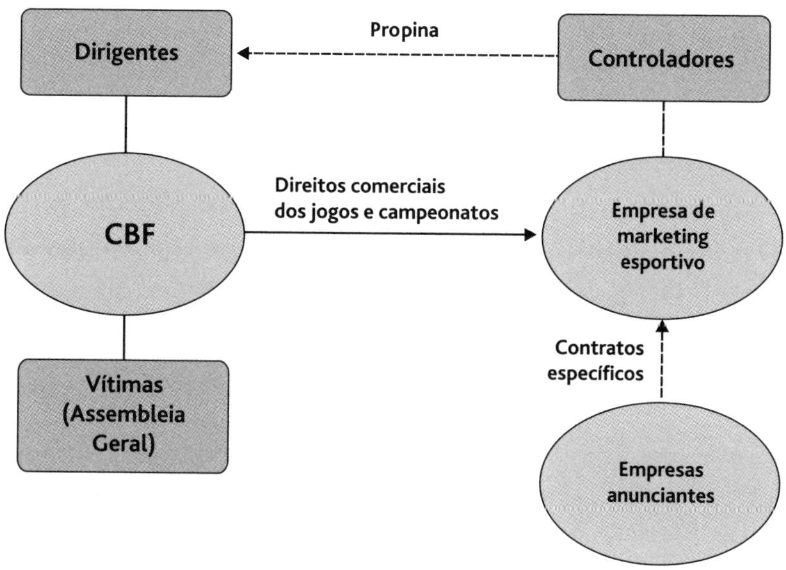

Na prática, empresas terceirizadas, internacionalmente direcionadas pela CBF, negociam com emissoras brasileiras e estrangeiras esses direitos.

Os contratos privilegiam empresas brasileiras e estrangeiras que compactuam com o pagamento de vantagens indevidas aos integrantes da organização criminosa.

O valor contratual pelos direitos de transmissão é bem inferior ao praticado pelo mercado, considerando a composição de propinas a serem pagas às empresas ajustadas com a CBF, que fica no prejuízo real. Tudo sem o conhecimento dos órgãos responsáveis pela fiscalização de suas contas.

Os empresários, ajustados com dirigentes e funcionários corruptos da CBF, transferem os ganhos ilícitos (dinheiro, bens e direitos) de maneira oculta ou dissimulada, geralmente por meio de operações de lavagem de dinheiro, entrega em dinheiro vivo, depósitos no exterior, simulação de empréstimos, bem como compra e venda de bens móveis e imóveis, com emprego de pessoas físicas ou jurídicas.

Modus Operandi 4 – Contratos sobre os amistosos da Seleção Brasileira de Futebol

Enquanto o torcedor se entusiasma e torce pela Seleção, parte da renda de jogos amistosos vai para o bolso dos exploradores do futebol. Da mesma forma que nas demais operações, diretores e funcionários da CBF se associam a empresários quando da venda de jogos amistosos da Seleção.

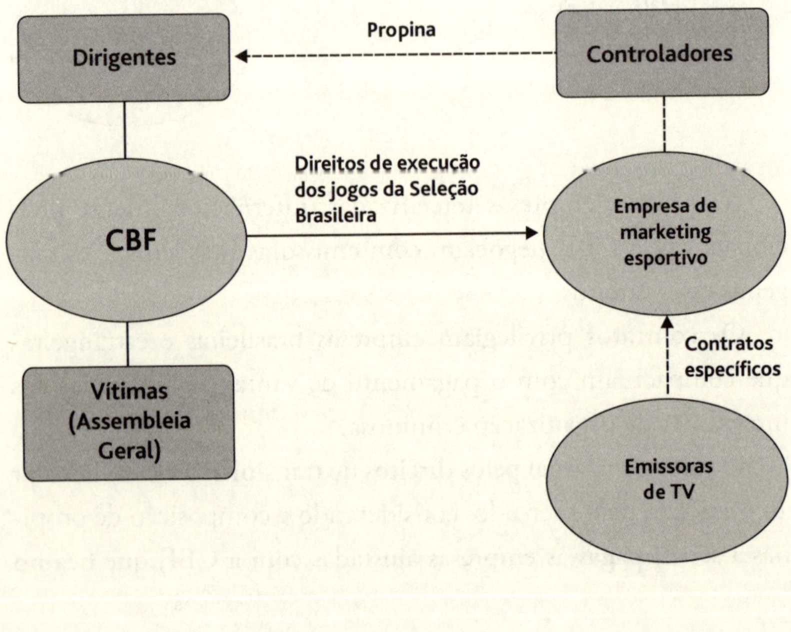

Empresas terceirizadas, direcionadas pela CBF, negociam os direitos comerciais para a realização dos jogos amistosos da Seleção. Por conta das propinas embutidas, os valores contratuais ficam abaixo do preço de mercado, provocando enormes prejuízos à CBF e aos seus objetivos estatutários, entre os quais o desenvolvimento do futebol no Brasil (veja *modus operandi* 3).

Na sequência, empresários intermediários, em conluio com dirigentes e funcionários corruptos da CBF, transferem os ganhos ilícitos (dinheiro, bens e direitos) de maneira oculta ou dissimulada, por meio de operações de lavagem de dinheiro, em regra pela entrega de dinheiro vivo, depósitos no exterior, simulação de empréstimos, bem como compra e venda de bens móveis e imóveis, com emprego de pessoas físicas ou jurídicas.

Modus Operandi 5 – Atos jurídicos regulamentados e controlados pela CBF

Espertamente, o presidente da CBF posiciona diretores e funcionários em cargos estratégicos, para que, de maneira fraudulenta, obtenham vantagens indevidas em proveito do grupo criminoso.

A competência conferida à entidade para regulamentação e controle de determinados atos jurídicos, com repercussão financeira, leva os diretores e funcionários a corromperem suas ações em troca de subornos, como nos casos de registros de atletas, contratos especiais de trabalho e, principalmente, transferências nacionais e internacionais de jogadores. Esse ato é previsto na Seção II do Regulamento Nacional de Registro e Transferência de Atletas de Futebol.

Os desvios de conduta resultam em enormes prejuízos a terceiros, em especial aos clubes de futebol que empregam os atletas e à própria CBF, tudo com a omissão de sua Assembleia Geral, que fecha os olhos aos repetidos e organizados trambiques.

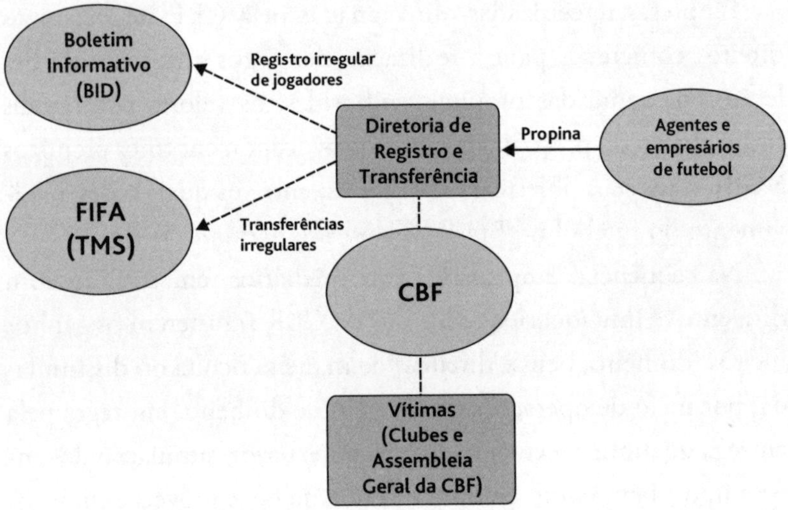

Semelhantes a outras organizações voltadas para o crime e usando modelos de modernas máfias, a CBF e seus braços operacionais de corrupção estão estruturalmente caracterizados pela divisão de tarefas, com núcleos diretivo, econômico, financeiro e político, tudo concentrado para o sucesso das empreitadas criminosas.

Tristemente, é dessa estrutura que o Congresso Nacional participa ao abrir as portas da Câmara e do Senado e facilitar a livre ação dos lobistas junto aos parlamentares. Que condições são impostas para esse suspeito intercâmbio político-esportivo?

A ESTRUTURA DOS CRIMES

Como alertei, há, basicamente, uma estrutura comum para todas as operações, seguida de outra, específica, conforme a ação a ser desenvolvida: serviços, venda de ingressos, transporte de delegações etc.

No geral, dirigentes da CBF e agentes econômicos, em quantidade maior que quatro pessoas, associam-se em uma estrutura com divisão de tarefas.

> O objetivo é obter, direta ou indiretamente, vantagens patrimoniais e não patrimoniais mediante a prática de infrações penais, principalmente estelionato.

Adicionalmente, cometem crime de lavagem de dinheiro ao ocultar, dissimular a natureza, origem, localização, disposição, movimentação ou propriedade de bens, direitos ou valores provenientes, direta ou indiretamente, das infrações penais.

A partir de agora apresentarei, em resumo, como essas operações eram realizadas na prática. Os detalhes estão no relatório alternativo que apresentei na última sessão da CPI.

OS PRINCIPAIS ACHADOS DA CPI DO FUTEBOL – 2015

O relato a seguir é a transcrição do que a equipe da CPI identificou como fraudes, irregularidades e vários outros indícios. É o suficiente para demonstrar o que chamo de "crime organizado na CBF".

A compra da sede da CBF

A compra da nova sede da CBF, na avenida Luís Carlos Prestes, 130, na Barra da Tijuca, área nobre do Rio de Janeiro, foi uma transação que motivou várias reportagens, todas levantando suspeitas de uma operação superfaturada, concluída em 31 de agosto de 2012.

O imóvel, de oito salas, foi adquirido na gestão de José Maria Marin e custou 70 milhões de reais, em números redondos.

A transação envolveu uma rede de pessoas, proprietários de salas e empresas, indicando, ao final, um superfaturamento e fundadas suspeitas de repasse do lucro como forma de propina para os dirigentes da CBF.

Compra da sede – relações de Antônio Osório

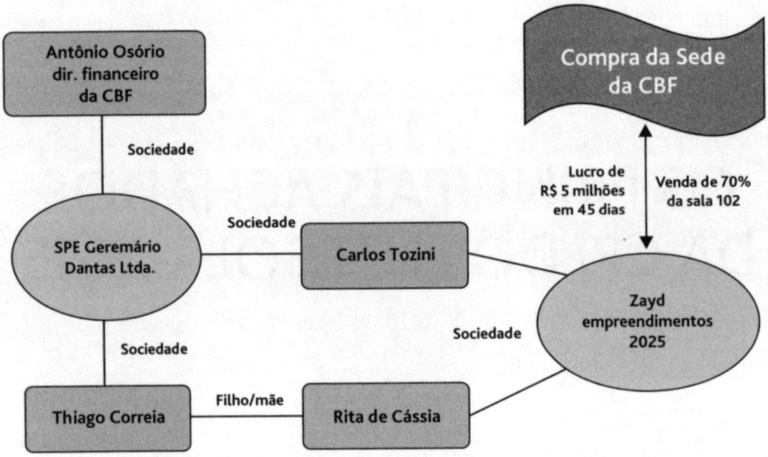

As investigações da CPI do Futebol sobre esse caso avançaram com requerimentos e quebras de sigilos bancários e fiscais das principais empresas envolvidas, Zayd Empreendimentos 2025 Ltda. e D'Araújo Incorporações Ltda., bem como dos seus sócios administradores, Rita de Cássia Rodrigues Moreira e Fernando Jales Oliveira.

Além desses, o diretor financeiro da CBF, Antonio Osório Ribeiro Lopes da Costa, conhecido como Zozó, teve seus sigilos quebrados por sua atuação direta na gestão dos contratos firmados na época da compra da sede. Porém, o acesso aos dados privados de Antonio Osório Ribeiro Lopes da Costa junto aos bancos, Receita Federal e COAF só foi possível graças a um mandado de segurança obtido pela CPI do Futebol junto ao Supremo Tribunal Federal.

A análise e o cruzamento de dados desses documentos mostraram que Zozó foi sócio da empresa Geremário Dantas Empreendimentos Imobiliários, cujo outro sócio, Carlos Henrique Medeiros Tozini, pasmem, figurou como sócio-administrador da Zayd Empreendimentos 2025 Ltda.

A partir daí, começam os trambiques: a Zayd, que em junho de 2012 havia adquirido 70% da área correspondente à sala 104 do empreendimento por 902 mil reais, vendeu à CBF, em agosto do mesmo ano, o direito sobre o imóvel por 9,9 milhões de reais. É isso mesmo! Em apenas um mês a Zayd lucrou 1.000% na transação de parte de uma sala. Mil por cento!

Compra da sede da CBF

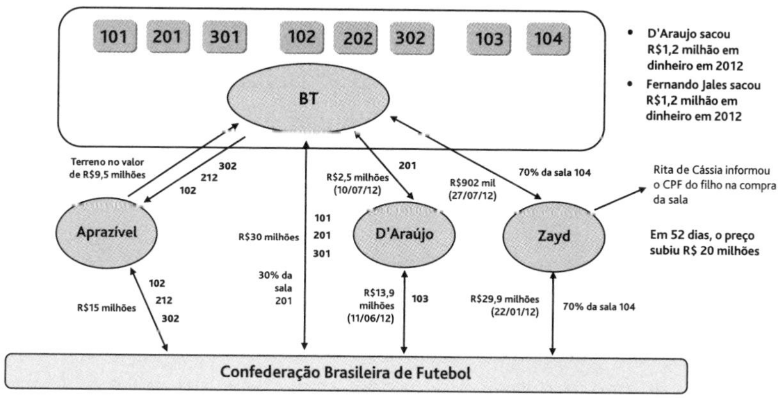

Essa legítima "ação entre amigos", com valor absurdamente superfaturado, foi acertada entre o diretor-financeiro da CBF, Antonio Osório Ribeiro Lopes da Costa, com o seu próprio sócio, Carlos Henrique Medeiros Tozini, o que demonstra a existência da corriola montada para a compra do luxuoso prédio na Barra da Tijuca.

O superfaturamento das outras salas no mesmo prédio também ficou demonstrado pela equipe técnica da CPI do Futebol. Em junho de 2012, a BT Empreendimentos Imobiliários Ltda. repassou 8,5 milhões de reais a Aprazível Empreendimentos Imobiliários e Participações Ltda., em pagamento por três salas (102, 202 e 302) no prédio em questão. Um mês depois, essas salas foram vendidas à CBF por 12,2 milhões de reais, ou seja, lucro de 76% em apenas trinta dias.

E tem mais: em agosto de 2012, a empresa D'Araújo, que havia comprado a sala 103 da BT Empreendimentos pelo valor de 2,5 milhões de reais, vendeu o mesmo imóvel para a CBF por 13,9 milhões de reais. E foi assim que em apenas uma transação a D´Araújo lucrou 700% com a venda de espaços para a nova sede da CBF. Sinceramente, não é uma beleza fazer negócios milionários com a turma da CBF?

Que nome se dá a essas transações superfaturadas em que as finanças da Confederação Brasileira de Futebol são administradas de forma tão irresponsável e suspeita?

O presidente da CBF, Marco Polo Del Nero, tentou esconder a sua participação nessas operações, como revelou em seu depoimento à CPI do Futebol. Sem citar nomes, deu a entender que a responsabilidade fora do presidente da época, José Maria Marin, do qual era o vice-presidente. Não é verdade, e a equipe da CPI desmontou mais uma farsa. Vou explicar.

Por intermédio de compartilhamentos de provas, obtidas legalmente junto ao Departamento da Polícia Federal, encontrou-se troca de e-mails contidos em disco rígido, apreendido por ocasião da Operação Durkheim, contextualizando diálogos entre Del Nero e o ex-jogador Ronaldo Nazário exatamente sobre o mesmo imóvel adquirido pela CBF para ser a nova sede da entidade. Ronaldo é amigo da cúpula da CBF e, nesse episódio, estava sendo informado da transação em andamento.

No e-mail citado, Del Nero informa a Ronaldo que, além do imóvel que está sendo analisado (o tal de oito salas superfaturadas), "agora entrou outro imóvel, que a Comissão (de Compras) vai olhar **e também eu**. Para comparar preços e etc.".

Destaquei "**e também eu**" para reforçar que Del Nero mentiu à CPI ao negar que não esteve envolvido nessa transação.

Acredito que as autoridades competentes, ao tomarem conhecimento desses fatos, promoverão as diligências para esgotar todas as linhas de investigação iniciadas por essa CPI do Futebol – 2015, a fim de promover os devidos processos cíveis e penais. Afinal, o quadro probatório que aqui apresento aponta indícios veementes de que dirigentes da CBF, em especial José Maria Marin, Marco Polo Del Nero e Antonio Osório Ribeiro Lopes da Costa, diretamente responsáveis pela aquisição da nova sede da entidade, obtiveram vantagens ilícitas nesse negócio, agindo de forma fraudulenta por meio de superfaturamento de preços, em detrimento da própria CBF. Isso configura prática de ilícito criminal definido no artigo 171 do Código Penal Brasileiro.

O Grupo Águia e a CBF

O Grupo Águia atua numa extensa ramificação de parcerias nos principais negócios comerciais da CBF. Os achados e outros indícios de fraudes nessa investigação demonstram que são comuns as práticas de crimes financeiros realizados por gestores da principal instituição do futebol brasileiro. Esses crimes passam despercebidos do torcedor em geral, pois ele está mais interessado no jogo da próxima rodada, no craque do seu time, nas emoções do campeonato etc.

Formalmente, 31 empresas integram a estrutura do Grupo Águia, nome de fantasia da Asa Participações Ltda. A chefia maior é do paulistano Wagner Abrahão, que figura ou figurou no quadro societário de trinta dessas organizações.

O grupo econômico reúne como sócios, direta ou indiretamente, membros da família – esposa, irmãos, filhos, sogros – com atuação em diversas áreas, especialmente na de turismo. E é aí que entra a íntima e suspeita relação com a CBF, cujos negócios vão além da venda de ingressos e pacotes para eventos do futebol.

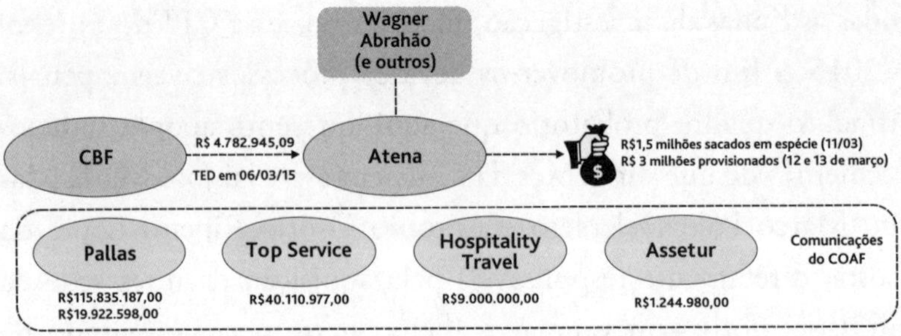

Como já contei, uma decisão do Supremo Tribunal Federal, em mandado de segurança, não permitiu o acesso da CPI do Futebol aos contratos da CBF com outras empresas, entre elas o Grupo Águia. Isso impediu que se conhecessem os termos desses contratos, bem como sua análise para comprovar ou não indícios de irregularidades em sua execução. Mas, num trabalho de fôlego, a equipe de investigadores avançou na avaliação dos documentos disponíveis para oferecer a realidade que descrevo a seguir.

Em sua edição de 16 de junho de 2013, ou seja, dois anos antes da CPI do Futebol, a revista *Época* já divulgava que empresas do Grupo Águia eram agentes de viagens oficiais da CBF há mais de trinta anos. O objeto dessa relação é o fornecimento da logística ao Campeonato Brasileiro: compra de passagens aéreas aos times visitantes, reserva de hotéis para as equipes, transporte de ônibus para os estádios etc. Ou seja, a CBF terceiriza os serviços das competições que realiza e paga por isso, claro.

Porém, a participação do Grupo Águia nos negócios do futebol cresceu e chegou às Copas do Mundo, a partir de 1982, quando o evento foi realizado na Espanha. A atuação do grupo ocorre na venda de ingressos corporativos para os jogos, que são associados a pacotes que incluem lugares privilegiados nos estádios, refeições preparadas por renomados chefs e champanhe oferecido nos camarotes.

Na recente Copa do Mundo de 2014, no Brasil, Wagner Abrahão faturou cerca de 350 milhões de reais nesses serviços, conforme reportagens na imprensa nacional. Esse foi o resultado de uma sociedade com a empresa de marketing esportivo Traffic, de J. Hawilla, que comprou da empresa suíça Match Hospitality, por 40 milhões de reais, os direitos de vender exclusivamente os ingressos corporativos (VIPs) para a Copa do Mundo realizada no Brasil.

O faturamento do Grupo Águia, porém, vem de outras e variadas fontes. Chamam a atenção, por exemplo, as evidências encontradas no material apreendido na casa de Marco Polo Del Nero, no âmbito da Operação Durkheim, no sentido de que Wagner Abrahão exerce grande influência junto à presidência da CBF.

Em um mesmo conjunto de e-mails trocados entre Marco Polo Del Nero e Wagner Abrahão e analisados pela CPI, encontraram-se a intermediação e a assessoria para a compra de uma aeronave de luxo para a CBF. Essa assessoria foi de Pedro Mattos, diretor executivo da Lynx Táxi Aéreo, uma das empresas do grupo econômico da família Abrahão. Da mesma forma, houve a intermediação de contrato de patrocínio à CBF pelas empresas Gol e Marfrig.

Será que a CBF, gestora do patrimônio "Seleção Brasileira", não tem prestígio para negociar os seus próprios patrocínios? E precisa de intermediários, o que significa pagamento de comissões com a consequente redução de recursos financeiros para a atividade fim, o futebol?

Os cartolas que promovem essa farra com o dinheiro do futebol são os mesmos que dirigem, há anos, o principal patrimônio esportivo nacional, a Seleção Brasileira.

O pior nesse caso é que, conforme a equipe técnica da CPI do Futebol, não há ação penal para a corrupção no setor privado, apesar do recebimento de vantagens indevidas por parte dos dirigentes da CBF. São indevidas porque resultam em prejuízos à própria instituição, já que tais valores poderiam ser revertidos em favor de melhorias e do fortalecimento do nosso futebol.

No relatório alternativo, voto em separado que apresentei com o senador Randolfe Rodrigues, assim detalho esse tipo de ação:

> A corrupção em entidades privadas deve ser reprovada em atenção às disposições da Convenção de Mérida – a Convenção da ONU contra a Corrupção, promulgada pelo Decreto nº 5.687, de 31/01/2006 –, especialmente o previsto em seus artigos 21 e 22. No entanto, ante a inexistência de tipo penal dessa natureza, teremos que nos socorrer da legislação vigente e enquadrar as condutas nos tipos penais existentes, o estelionato, por exemplo.

A CBF e o financiamento de campanhas

A partir de um trabalho de fôlego da equipe da CPI do Futebol, foram identificadas mensagens no HD do computador de Marco Polo Del Nero, apreendido no contexto da Operação Durkheim, como contei. Essas mensagens revelaram irrefutáveis indícios de financiamento de campanha não declarado à Justiça Eleitoral em favor de Gustavo Dantas Feijó, CPF 524.759.994-20, então candidato às eleições municipais de Boca da Mata, Alagoas, em 2012.

Feijó é cartola histórico. Ele ocupou por muitos anos a presidência da Federação Alagoana de Futebol (FAF) e foi vice-presidente da CBF em 2015, origem de sua estreita relação com Marco Polo Del Nero. E, como ocorre em muitas entidades do esporte, a FAF tornou-se capitania hereditária da família do cartola. Quando Feijó saiu da Federação Alagoana, o comando passou às mãos de seu filho, Felipe Omena Feijó.

Para que não restem dúvidas sobre a operação de financiamento de campanha, transcrevo, a seguir, um e-mail de 13 de julho de 2012 enviado por Marco Polo Del Nero (MP) para Gustavo Feijó:

> Caro amigo e irmão Feijó.
> Estou copiando o Osório e ele fará a cada 20 dias pg de 50 para manter nosso fluxo de caixa. MP
> **De:** al presidencia [mailto:al.presidencia@cbf.com.br]
> **Enviada em:** sexta-feira, 13 de julho de 2012 11:37
> **Para:** Marco Polo Del Nero
> **Assunto:** Solicitação
>
> Prezado amigo Marco Polo,
>
> Primeiramente gostaria de parabenizá-lo pela vossa eleição na CBF, tenho certeza que o futebol brasileiro está em boa mãos, quando estive na CBF ainda sobre a presidência do Dr. Ricardo falei com ele sobre a intenção do pleito em 2012, naquela data ficou acordado que a participação da casa seria, 30% do valor total do orçamento.
>
> Até o presente momento já recebi 300 e outra cota de 50, venho solicitar do amigo uma atenção especial para liberação de 250 que falta.

Gostaria que o estimado amigo falasse com Zozó para se possível na segunda feira fosse realizada essa liberação, tenha certeza que esse amigo estará sempre ao seu lado para todas as lutas, que seja profissional ou pessoal.

Temos grandes possibilidades de vitória, para isso é fundamental a liberação o quanto antes do saldo restante, uma vez que já assumi compromissos contando com esse saldo, sem essa liberação não terei condições de seguir nessa caminhada e terei de desistir, pois não terei recursos para continuar.

Fico no aguardo da sua resposta, esperando contar com o apoio e a sensibilidade do amigo, renovamos nossos votos de estima e consideração.

Atenciosamente.

Gustavo Dantas Feijó

Segue a seguir orçamento para o pleito:

ORÇAMENTO FEIJÓ	
VEREADORES	900.000,00
COMBUSTÍVEL	100.100,00
CARRO DE SOM	60.000,00
VEÍCULOS	38.000,00
FUNCIONÁRIOS	72.000,00
BANDEIRAS E ADESIVAÇÃO	160.000,00
ALMOÇO E LANCHES	30.000,00
ADVOGADO	40.000,00
CONTADOR	20.000,00
GRÁFICA	118.300,00
PLOTAGEM	64.300,00
FISCALIZAÇÃO	36.200,00
MAT. DE CONSTRUÇÃO	150.000,00
STUDIO E MARKETING	80.000,00
ATENDIMENTO COMITÊ E CABOS ELEITORAIS	145.000,00
TOTAL	**2.013.900,00**

ARQUIVO PESSOAL

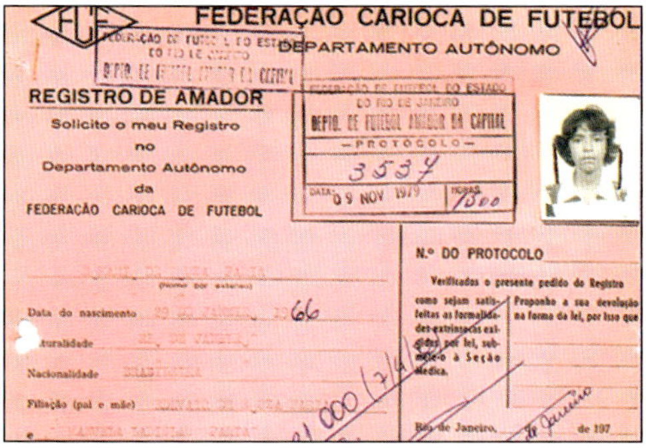

FEDERAÇÃO CARIOCA DE FUTEBOL
DEPARTAMENTO AUTÔNOMO

REGISTRO DE AMADOR
Solicito o meu Registro
no
Departamento Autônomo
da
FEDERAÇÃO CARIOCA DE FUTEBOL

PROTOCOLO
3537
DATA 09 NOV 1979

N.º DO PROTOCOLO

Verificados o presente pedido de Registro como sejam satisfeitas as formalidades extrínsecas exigidas por lei, submeta-o à Seção Médica.

Proponho a sua devolução na forma da lei, por isso que

Data do nascimento ... 66
Naturalidade
Nacionalidade
Filiação (pai e mãe)

Rio de Janeiro, ... de 197

1979: aos 13 anos, o meu primeiro registro no futebol, como amador, pelo Olaria

ARQUIVO PESSOAL

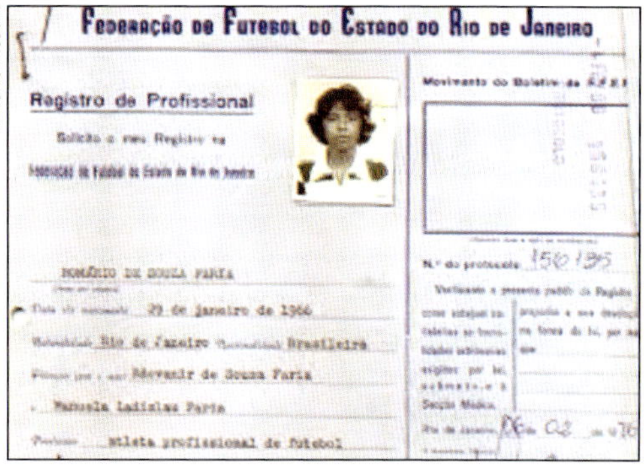

Federação do Futebol do Estado do Rio de Janeiro

Registro de Profissional

Movimento do Boletim

N.º do protocolo 156/1985

ROMÁRIO DE SOUZA FARIA
Data de nascimento 29 de janeiro de 1966
Naturalidade Rio de Janeiro Nacionalidade Brasileira
Filiação Edevanir de Souza Faria
Manoela Ladislau Faria
Profissão atleta profissional de futebol

Verificado o presente pedido de Registro como estejam satisfeitas as formalidades extrínsecas exigidas por lei, submeta-o à Seção Médica.

Rio de Janeiro, 06. 02

1985: já profissional, pelo Vasco, onde fiquei até 1988. Foram 196 partidas e 139 gols

EURICO DANTAS / AGÊNCIA O GLOBO

Sempre busquei aprimorar a técnica para me consagrar como artilheiro

FERNANDO MAIA/AGÊNCIA O GLOBO

No retorno ao Vasco, em 1999, com o presidente Antônio Calçada, meus pais, Edevair e Manuela, e o vice-presidente do clube, Amadeu Pinto da Rocha

LATINSTOCK/REUTERS/BRUNO DOMINGOS

No gol mil, pelo Vasco, beijei a bola, parceira de alegrias e conquistas por três décadas

No Barcelona, de 1993 a 1994, foram 83 jogos e 53 gols

IMAGO/BUZZI/KEYSTONE BRASIL

BOB THOMAS/GETTY IMAGES

No PSV Eindhoven, a temporada durou cinco anos (1988 - 1993): 165 gols em 167 jogos

No Valência (1996 – 1997), temporada difícil devido a uma contusão na bacia

MATHEW ASHTON/EMPICS VIA GETTY IMAGES

Tive duas passagens gloriosas pelo Flamengo, a primeira entre 1995 e 1997, e a segunda entre 1998 e 1999

AFP PHOTO/ VANDERLEI ALMEIDA/GETTY IMAGES

REUTERS/SERGIO MORAES/LATINSTOCK

O único gol de bicicleta que marquei foi com a camisa do Fluminense (2002 – 2004), contra o Guarani, pelo Brasileirão

Em apenas um ano pelo Miami F.C. (EUA), em 2006, foram 41 gols em 55 jogos

GLOW IMAGES/AP PHOTO/LUIS M. ALVARERZ

MARK METCALFE/GETTY IMAGES

No Adelaide United, da Austrália (2006), apenas 4 jogos e 1 gol

GLOW IMAGES/AP PHOTO/FELIPE DANA

Em 2009, encerrando a carreira, defendi o América, em homenagem ao meu pai, Edevair, o grande incentivador de minha jornada

BOB THOMAS/GETTY IMAGES

Copa de 1994: depois de 24 anos de jejum, recolocando o futebol brasileiro no foco do mundo

PHIL O'BRIEN/EMPICS VIA GETTY IMAGES

Emoção indescritível ao beijar a taça que ajudei a conquistar no mundial de 1994

GLAUCIO DETTMAR / AGÊNCIA O GLOBO

Decretando a festa do torcedor pelo título mundial conquistado: imagem que rodou o mundo

2011: diplomação como deputado federal, com minha mãe, Manuela, Ronaldo, meu irmão, e minha filha Moniquinha

ANDRE MUZELL / AGNEWS

Na campanha eleitoral de 2014, para o Senado, recebendo apoio e carinho dos cariocas

Juca Kfouri, na CPI do Futebol: "A estrutura do nosso esporte é reacionária, reage a qualquer tipo de mudança, é corruptora e corrupta"

WALDEMIR BARRETO/AGÊNCIA SENADO

Andrew Jennings, pioneiro nas investigações sobre a corrupção na FIFA, em depoimento à CPI do Futebol

GERALDO MAGELA/AGÊNCIA SENADO

Os jornalistas Amaury Ribeiro Jr., Leandro Cipoloni e Luiz Carlos Azenha, autores de *O Lado Sujo do Futebol*, livro que é um golaço para a literatura do esporte

WALDEMIR BARRETO/AGÊNCIA SENADO

Com o senador Randolfe Rodrigues, comemorando as 54 assinaturas no requerimento que garantiu a prorrogação da CPI do Futebol

GERALDO MAGELA/AGÊNCIA SENADO

Com o senador Paulo Paim, exemplar no debate político e parceiro das boas causas sociais

ARQUIVO PESSOAL

ARQUIVO PESSOAL

Com Ivy e seu mundo, narrado em um livro de belas histórias: emoções fora das quatro linhas

Com o meu querido time titular, descontração e alegria. Na foto: Rapha, Dadá, Ivy, Romarinho, Bellinha e Moniquinha

ARQUIVO PESSOAL

Longe dos compromissos políticos, relaxando com Ivy, Romarinho e Bellinha

ARQUIVO PESSOAL

JULIO CESAR GUIMARÃES / AGÊNCIA O GLOBO

Futevôlei nas praias do Rio de Janeiro: momentos de reencontro com os amigos e torcedores

JEFFERSON RUDY/AGÊNCIA SENADO

Agradecimento ao apoio de colegas parlamentares, após discursar na tribuna do Senado

Momento de atenção aos debates sobre os temas nacionais: aprendizado constante no Senado

MARCOS OLIVEIRA/AGÊNCIA SENADO

EDILSON RODRIGUES/AGÊNCIA SENADO

Com a senadora Ana Amélia, em um seminário sobre doenças raras, um dos temas de minha agenda no Legislativo

MARCOS OLIVEIRA/AGÊNCIA SENADO

Na Comissão de Educação, que presidi (2015 – 2016), incentivando o bom debate e a apresentação de projetos de lei para modernizar legislações específicas

JEFFERSON RUDY/AGÊNCIA SENADO

Lendo o requerimento em que pedia ao então presidente do Senado, Renan Calheiros, para destravar a CPI do Futebol, em 2015: meta alcançada

Em debate com o diretor do Interlegis, Helder Rebouças, sobre o autismo, um dos temas de constante debate no Legislativo

JEFFERSON RUDY/AGÊNCIA SENADO

Três dias depois, Gustavo Feijó voltou ao contato com Del Nero. Assim:

Em 16/07/2012, às 16:35, "AL Presidência" <al.presidencia@cbf.com.br> escreveu:

Prezado amigo,

gostaria de ver com você a possibilidade de diminuição do prazo de 20 dias, pois pelos meus cálculos a última de 50 ficaria para depois do pleito, teria condições algo entre 10 ou 15, a última teria de ser antes de outubro.

Certo da atenção, abraços do seu amigo irmão.

Gustavo Feijo

Não posso afirmar se o dinheiro da CBF foi decisivo para a campanha, mas o fato é que Gustavo Feijó venceu a disputa pela prefeitura do município de Boca da Mata, a 79 quilômetros de Maceió. O cargo foi ocupado entre 2012 e 2016, simultaneamente com o de vice-presidente da CBF, e em nova eleição Feijó reelegeu-se para mais quatro anos como prefeito.

Ainda conforme as investigações da CPI do Futebol, a prestação de contas divulgada na página do Tribunal Superior Eleitoral registra despesa de 130 mil reais na campanha de Feijó, naquele ano. E não há registros de valores doados por nenhuma entidade esportiva, muito menos a CBF. Bem diferente, portanto, do que foi demonstrado nos e-mails acima.

Mas os indícios não param por aí, porque, além de Marco Polo Del Nero e Gustavo Dantas Feijó, outros dois ex-dirigentes da CBF, Ricardo Teixeira e Antonio Osório Lopes Ribeiro da Costa, também estão envolvidos na falcatrua.

Assim, posso dizer que Gustavo Feijó foi eleito prefeito de Boca da Mata, em Alagoas, com inegável prática de caixa dois, abastecido pela Confederação Brasileira de Futebol.

Conforme o e-mail que publiquei, está clara a manifestação de Feijó sobre a participação de Ricardo Teixeira. Assim:

> [...] quando estive na CBF ainda sob a presidência do Dr. Ricardo falei com ele sobre a intenção do pleito em 2012, naquela data ficou acordado que a participação da casa seria 30% do valor total do orçamento.

Já sobre Antônio Osório, a referência de Marco Polo foi a seguinte:

> Caro amigo e irmão Feijó. Estou copiando o Osório e ele fará a cada 20 dias pg de 50 para manter nosso fluxo de caixa. MP

À vista de flagrante suspeita de crime eleitoral, a CPI do Futebol aprovou a convocaçao de Gustavo Dantas Feijó para questioná-lo sobre essa ilegal parceria com a CBF. Mas a Bancada da CBF, desesperada com a possibilidade de que Feijó tornasse público todo o esquema de caixa dois da entidade e, assim, descortinasse de vez o núcleo político da CBF no Parlamento brasileiro, impediu a sua convocação por meio de questão de ordem regimentalmente infundada, como já narrei.

Ainda sobre esse episódio, transcrevo o registro do relatório que apresentei ao final da CPI:

> A propósito da gravidade dos fatos, bem como dos indícios de ilicitude no pleito eleitoral de Gustavo Feijó, o Ministério Público Federal de Alagoas solicitou todos os documentos levantados pela CPI do Futebol – 2015 relacionados ao financiamento de campanha não declarado pelo candidato Gustavo Dantas Feijó.*

Em suma, as provas alcançadas pela CPI do Futebol – 2015, apontando recursos da Confederação Brasileira de Futebol alocados no financiamento de sua campanha em 2012 para prefeito de Boca da Mata – AL, demonstram de maneira induvidosa que Gustavo Dantas Feijó omitiu o que devia constar, ou inseriu declaração falsa ou diversa da que devia ser escrita, no documento de prestação de contas apresentado à Justiça Eleitoral.

Dessa forma, é forçoso perceber que tal conduta de Gustavo Dantas Feijó se coaduna com os delitos previstos no artigo 350 da Lei nº 4.737/65 c/c artigo 24, inciso IX, da Lei nº 9.504/97, artigo 11, da Lei nº 7.492/86, e artigo 1º da Lei nº 8.137/90, em concurso de crimes.

Na mesma esteira, pelo fato de terem sido os responsáveis pelo financiamento do caixa dois de Gustavo Dantas Feijó, Marco Polo Del Nero, Antonio Osório Ribeiro Lopes da Costa e Ricardo Terra Teixeira deverão ser responsabilizados pelas mesmas infrações penais, na medida de suas culpabilidades (artigo 29 do Código Penal Brasileiro).

---

* Fonte: <http://novoextra.com.br/outras-edicoes/2016/870/22503/mp-eleitoral-pede-documentos-sobre-feijo-a-cpi-do-futebol>.

Fraudes no registro de jogadores

Como se sabe, a Confederação Brasileira de Futebol é responsável pelo registro de jogadores profissionais da modalidade. Eu tive meu registro na CBF, indispensável para a participação do atleta em qualquer competição oficial ou para efetivar a sua transação.

Quando um clube encaminha a solicitação do registro de um atleta, deve apresentar o contrato especial de trabalho e outros documentos exigidos na legislação desportiva e demais atos normativos da CBF.*

Quando instalei a CPI do Futebol – 2015, chegaram ao meu gabinete notícias criminosas que envolviam determinados atos jurídicos regulamentados e controlados pela CBF, mais precisamente sobre registros e transferências de atletas de futebol. As denúncias mostravam atos abusivos e ilegais, com notória desobediência à legislação e, inclusive, contrários a decisões judiciais proferidas no âmbito da Justiça do Trabalho. Na verdade, as revelações que me enviaram já tinham sido divulgadas pela imprensa** e revelavam um esquema criminoso montado na CBF, tendo alguns de seus diretores como partes envolvidas, além de empresários ligados ao ramo do futebol, federações, clubes e, inacreditavelmente, até o Superior Tribunal de Justiça Desportiva (STJD).

Na prática, o esquema favoreceria economicamente grupos criminosos que aliciam jogadores, sem o conhecimento da agremiações com as quais os atletas possuíam vínculo contratual de trabalho, para, em seguida, negociá-los com obtenção de lucros exorbitantes, em detrimento do clube empregador. A bandalheira

* Fonte: <http://cdn.cbf.com.br/content/201503/20150319143412_0.pdf>.

** Fonte: <https://blogdopaulinho.com.br/2015/06/18/empresario-denuncia-fraude-em-registros-da-cbf-com-a-participacao-de-clubes-e-agente-de-jogador>.

materializava as famigeradas "transferências pontes", por meio de clubes popularmente conhecidos como "barrigas de aluguel".

Pelas denúncias, estava claro que havia fraudes nos registros de responsabilidade da CBF, especialmente no Boletim de Informação Diário do Atleta (BID), uma vez que as normas do Regulamento Nacional de Registro e Transferência de Atleta de Futebol proíbem veementemente a prática das "transferências pontes".

Os casos noticiados pela imprensa apontavam diretamente para Reynaldo Buzzoni de Oliveira Neto e Gustavo Dantas Feijó, respectivamente diretor de Registros e Transferências e vice-presidente da CBF, sem, porém, apresentar provas concretas de tais envolvimentos, mas com evidentes indícios de que a fraude seria real. Havia fortes indícios de crimes contra a fé pública e o patrimônio, sem afastar possíveis condutas criminosas atentatórias à administração da justiça, contra a ordem tributária e o sistema financeiro.

Sabe-se que a competência conferida à CBF para regulamentação e controle de determinados atos jurídicos que implicam repercussão financeira propicia atos de corrupção, com enormes vantagens econômicas àqueles que desvirtuam suas ações de ofício. E aí se enquadram os casos de registros de atletas, contratos especiais de trabalho e, principalmente, transferências nacionais e internacionais de jogadores.

Os fatos aqui narrados supõem clara conivência do presidente da CBF com integrantes do Superior Tribunal de Justiça Desportiva (STJD), considerando a suspeição de determinados atos praticados pelo tribunal em torno das irregularidades e ilegalidades em questão, de acordo com as matérias veiculadas.

Alguns dos casos noticiados à CPI e estampados na imprensa já estão sendo devidamente apurados pela Delegacia de Defraudações da Polícia Civil do Estado do Rio de Janeiro, em razão das inequívocas evidências de prática de infrações penais.

Apesar da desconfiança que recai sobre a corte, o STJD já fora formalmente provocado a apurar as mesmas irregularidades e ilegalidades que envolviam atos abusivos praticados pelo diretor de Registros e Transferências da CBF, Reynaldo Buzzoni.*

Lamentavelmente, por conta de seu encerramento, em 16 de dezembro de 2016, a CPI do Futebol – 2015 não pôde avançar nos meios de provas, principalmente no que se refere à convocação dos dirigentes da CBF, integrantes do STJD, clubes, federações, empresários e jogadores envolvidos, cujos depoimentos seriam indispensáveis ao completo esclarecimento dos fatos noticiados e consequente individualização de condutas.

Espero que os indícios e as evidências de crimes até aqui revelados motivem o Ministério Público Federal a promover as diligências necessárias para, quem sabe, aplicar as penas cíveis e penais.

No paraíso fiscal de Barbados

No decorrer dos trabalhos de investigação da CPI do Futebol – 2015 chegaram informações não oficiais sobre envio de valores em espécie para fora do país. O dinheiro seria decorrente dos pagamentos de propinas aos dirigentes da CBF, e o transporte ocorreria em aeronaves da entidade. Como os dados enviados indicavam certa consistência, a equipe da CPI avançou na investigação. Ao final, constatou sólidas evidências de crimes de evasão de divisas e lavagem de dinheiro.

A investigação chegou a essa conclusão depois de cruzamento de informações com os dados sigilosos fornecidos pelos órgãos

* Fonte: <http://espn.uol.com.br/post/637060_time-ligado-a-vice-da-cbf-e-suspeito-de-manipulacao-no-bid>.

oficiais, que apontavam grandes movimentações de recursos em espécie, inclusive saques.

Por tais razões, a CPI passou a averiguar o uso de aeronaves ligadas à CBF que se enquadrasse nas Leis nº 7.492/86 e nº 9.613/98, sobre crimes contra o sistema financeiro nacional. Até porque, e-mails trocados por Del Nero e Marco Polo Del Nero Filho mostravam fortes indícios de contas bancárias ocultas no exterior. Transcrevo abaixo duas dessas mensagens, de 2007, quando Del Nero, pai, era presidente da Federação Paulista de Futebol:

> **Assunto:** filho
> **De:** Presidencia <presidencia.mpdn@fpf.org.br>
> **Para:** marco@marcopolodelnero.com.br;
> **Envio:** 29/06/2007 22:48:49
>
> Marco.
>
> Boa viagem, Deus te guie que aqui nós torcemos para vc em quaisquer condições. Esses são defeitos ou qualidades dos pais. A gente sempre acha que vê melhor que o filho, bem, mas só achamos, na vida o que alguém fala até por bem (os pais), as vezes não tem razão porque só quem sabe mesmo é quem vive o problema. Portanto o melhor conselho que lhe dou é siga suas intuições. Dou esse exemplo pq quando não segui o meu instinto eu perdi.
>
> Procure em MIA 00211305539476 8 por Margarida Coutinho ou quem estiver em seu lugar. Discuta com a pessoa sobre eventual negócio que se pretenda fazer por lá. Peça também para darem uma posição atual dos nossos ativos. Pelo telefone pegue o endereço. Seu pai

Assunto: Re: viagem
De: Presidencia <presidencia.mpdn@fpf.org.br>
Para: mpf@marcopolodelnero.com.br;
Envio: 07/07/2007 07:28:50

----- **Original Message** -----
From: Presidencia
To: Presidencia
Sent: Saturday, July 07, 2007 7:26 AM
Subject: Re: viagem

----- **Original Message** -----
From: Presidencia
To: marco
Sent: Saturday, June 30, 2007 9:40 AM
Subject: viagem

Marco Tenha uma boa viagem. Seus pais costumam dar conselhos, mas só pq acham o que seria melhor para vc. Não ligue não. O que vale é o seu instinto. Siga-o e seja perseverante isso é a razão da vitória. Viu... Novo conselho.

Em MIA procure por Margarida Coutinho ou quem esteja em seu lugar e trate de saber da possibilidade de se montar um negócio o que ela acha e etc. etc. Saiba também do saldo. Seu telefone lá é 1-305-5394717 ou 4768. Boa Viagem e boa sorte. Bjs. Seu pai.

Nos dois e-mails, Del Nero orienta o filho sobre quem procurar em Miami (MIA) e pede para ele ver, também, o "saldo" e "os nossos ativos". Porém, no depoimento à CPI, o presidente da CBF afirmara que não tinha contas bancárias no exterior.

Pois bem, provocada pela CPI, a Agência Nacional de Aviação Civil (ANAC) informou a existência de duas aeronaves de propriedade da CBF, um helicóptero modelo A109S, matrícula PRXDA, e um jato, modelo Cessna Aircraft 680, matrícula PPAAD. Os documentos sobre essas informações constam do relatório alternativo que apresentei à CPI.

Já o Departamento de Controle do Espaço Aéreo (DECEA) enviou à CPI registros de viagens do Cessna PPAAD, entre janeiro de 2013 e dezembro de 2015, para o Paraguai, Chile, San Fernando, na Argentina, e Viña del Mar, no Chile. Todas essas informações foram complementadas com dados oficiais próprios dos registros da aeronáutica civil.

Na análise desses dados, chamou a atenção da equipe técnica da CPI um voo de Barbados para o Rio de Janeiro no dia 11/02/2014, às 01h31min. O registro do DECEA é o seguinte:

DATA	HORA	NUMVOO	MATRICUL	TIPOAERO	ADPARTID	ADDESTIN	TIPO	mês
20140131	09:20	PPAAD	PPAAD	C680	SBSP	SBBV	Geral	01
20140131	13:38	PPAAD		C680	SBSP	SBBV	Geral	01
20140131	14:34	PPAAD		C680	SBBV	KMCO	Geral	01
20140211	01:31	PPAAD	PPAAD	C680	TBPB	SBGL	Geral	02

Um voo para Barbados, conhecido paraíso fiscal na América Central, é extremamente suspeito pelo fato de não ter havido absolutamente nada que justificasse a ida de representantes da CBF àquele país. Além disso, é importante observar os registros no DECEA poucos dias antes desse voo, em 31/01/2014: a mesma aeronave PPAAD partiu de São Paulo com destino a Boa Vista e, em seguida, decolou com destino a Orlando, nos Estados Unidos.

Por curiosidade, após consulta em fonte aberta, nada se encontrou que justificasse a presença de autoridades da CBF em Orlando, quanto mais em Barbados.

Como aquela aeronave, procedente de Barbados, pousou no aeroporto do Galeão, a CPI consultou a Delegacia de Polícia Federal do Aeroporto Internacional do Rio de Janeiro sobre movimentos migratórios no Sistema de Tráfego Internacional (STI). Em resposta, foi encaminhada à CPI a Certidão de Movimentos Migratórios, na qual constam registros de entrada no Brasil de Ricardo Terra Teixeira, Marco Polo Del Nero e José Maria Marin coincidentemente naquela mesma data, 11/02/2014. Toda essa documentação consta dos arquivos da CPI do Futebol.

O passo seguinte foi consultar a Coordenação-Geral de Polícia de Imigração do DPF para descobrir o registro de passageiros e tripulantes embarcados nos voos para Orlando e Barbados. Entretanto, não houve resposta do referido órgão. A revelação dos motivos que levaram a aeronave da CBF a passar por Barbados requer a qualificação dos passageiros que estiveram a bordo da aeronave quando aterrissou no Brasil no dia 11/02/2104. E isso motivaria a convocação dos suspeitos apontados nos registros migratórios e da tripulação que comandou a aeronave para prestarem os devidos esclarecimentos à CPI do Futebol. Porém, por manobras do *lobby* da CBF, não se conseguiu convocar Ricardo Teixeira nem os pilotos Sérgio Ferreira de Siqueira e Vitor Cascardo de Carvalho, contratados da CBF, segundo informações não oficiais.

A propósito de tudo isso, transcrevo a veemente negativa de Marco Polo Del Nero sobre esse voo de Barbados, no seu depoimento prestado na 18ª Reunião da CPI do Futebol – 2015:

> O SR. RANDOLFE RODRIGUES (Bloco Socialismo e Democracia/REDE) — Segundo registros colhidos por esta CPI com autoridades aeronáuticas brasileiras, esteve em

Barbados, que é um paraíso fiscal, em 2014. O senhor esteve em Barbados em 2014...

O SR. MARCO POLO DEL NERO — Não! Não estive em Barbados. Não...

O SR. RANDOLFE RODRIGUES (Bloco Socialismo e Democracia/REDE – AP) — Em um jatinho executivo.

O SR. MARCO POLO DEL NERO — Não conheço. Não conheço Barbados.

O SR. RANDOLFE RODRIGUES (Bloco Socialismo e Democracia/REDE – AP) — O senhor não esteve em Barbados?

O SR. MARCO POLO DEL NERO — Não estive e não conheço Barbados!

O SR. RANDOLFE RODRIGUES (Bloco Socialismo e Democracia/REDE – AP) — Em 2014, o senhor não esteve em Barbados?

O SR. MARCO POLO DEL NERO — Não! Não estive em Barbados, não conheço Barbados!

O SR. RANDOLFE RODRIGUES (Bloco Socialismo e Democracia/REDE – AP) — Nenhum jatinho executivo seu...

O SR. MARCO POLO DEL NERO — Nenhum jatinho executivo...

O SR. RANDOLFE RODRIGUES (Bloco Socialismo e Democracia/REDE – AP) — Nenhum jatinho executivo da CBF?

O SR. MARCO POLO DEL NERO — Aí, eu não sei. Não sei...

O SR. RANDOLFE RODRIGUES (Bloco Socialismo e Democracia/REDE – AP) — Não, espere lá.

O SR. MARCO POLO DEL NERO — Não, espere um pouquinho só.

O SR. RANDOLFE RODRIGUES (Bloco Socialismo e Democracia/REDE – AP) — Opa!

O SR. MARCO POLO DEL NERO — Eu sou o presidente...

O SR. RANDOLFE RODRIGUES (Bloco Socialismo e Democracia/REDE – AP) — O senhor estava veementemente dizendo "não" e agora o senhor disse "não sei"; então, espere aí...

O SR. MARCO POLO DEL NERO — Não.

O SR. RANDOLFE RODRIGUES (Bloco Socialismo e Democracia/REDE – AP) — Um jatinho executivo da CBF esteve em Barbados em 2014?

O SR. MARCO POLO DEL NERO — Não sei!

O SR. RANDOLFE RODRIGUES (Bloco Socialismo e Democracia/REDE – AP) — Mas o senhor é presidente da CBF!

O SR. MARCO POLO DEL NERO — Não, eu não sou presidente. Em 2015 eu sou presidente. Em abril de 2015, eu sou presidente e sei o que acontece.

O SR. RANDOLFE RODRIGUES (Bloco Socialismo e Democracia/REDE – AP) — Um jato não é um patrimônio qualquer.

O SR. MARCO POLO DEL NERO — Certo.

O SR. RANDOLFE RODRIGUES (Bloco Socialismo e Democracia/REDE – AP) — Eu imagino que qualquer dirigente de qualquer empresa, instituição ou até do governo deve saber os deslocamentos de um patrimônio... Não é comum para uma empresa ou uma instituição ter um jato.

O SR. MARCO POLO DEL NERO — O vice-presidente não teve conhecimento de que alguém esteve em Barbados.

O SR. RANDOLFE RODRIGUES (Bloco Socialismo e Democracia/REDE – AP) — O senhor nunca voou no jatinho executivo da CBF?

O SR. MARCO POLO DEL NERO — Voei.

O SR. RANDOLFE RODRIGUES (Bloco Socialismo e Democracia/REDE – AP) — Nenhum desses voos foi para Barbados?

O SR. MARCO POLO DEL NERO — Barbados nem conheço, senador. Nunca estive lá, nem sabia que o avião da CBF esteve lá.

O SR. RANDOLFE RODRIGUES (Bloco Socialismo e Democracia/REDE – AP) — E nenhuma aeronave em que o senhor esteve foi fretada para lá, passando por lá?

O SR. MARCO POLO DEL NERO — Não, nunca estive em Barbados.

O SR. RANDOLFE RODRIGUES (Bloco Socialismo e Democracia/REDE – AP) — Nem passando?

O SR. MARCO POLO DEL NERO — Nem passando por Barbados.

O SR. RANDOLFE RODRIGUES (Bloco Socialismo e Democracia/REDE – AP) — Bom...

O SR. MARCO POLO DEL NERO — Eu só viajo em voo de carreira normal, em jato comercial.

O SR. RANDOLFE RODRIGUES (Bloco Socialismo e Democracia/REDE – AP) — Não, o senhor também viaja em jatinho executivo porque o senhor mesmo falou ainda há pouco.

O SR. MARCO POLO DEL NERO — No Brasil.

O SR. RANDOLFE RODRIGUES (Bloco Socialismo e Democracia/REDE – AP) — Sim, mas viaja. Não é só em voo de carreira, não é?

O SR. MARCO POLO DEL NERO — Não.

Diante de tantas evidências e estranhas viagens ao exterior, acredito que as autoridades que receberam o meu relatório promoverão diligências não realizadas por essa CPI que ajudem a esclarecer esses fatos, nos termos do artigo 58 §3º da Constituição Federal:

> § 3º As comissões parlamentares de inquérito, que terão poderes de investigação próprios das autoridades judiciais, além de outros previstos nos regimentos das respectivas Casas, serão criadas pela Câmara dos Deputados e pelo Senado Federal, em conjunto ou separadamente, mediante requerimento de um terço de seus membros, para a apuração de fato determinado e por prazo certo, sendo suas conclusões, se for o caso, encaminhadas ao Ministério Público, para que promova a responsabilidade civil ou criminal dos infratores.

De qualquer maneira, as provas alcançadas são cabais quanto ao uso de aeronave vinculada à Confederação Brasileira de Futebol em viagens para países considerados verdadeiros paraísos fiscais, notadamente, Barbados. Estranhas viagens, muito estranhas...

O Comitê Organizador e os gastos da Copa

Ao longo das investigações, a CPI tentou buscar respostas para várias suspeitas de irregularidades e ilícitos penais que recaem sobre o Comitê Organizador Local (COL) da Copa do Mundo de 2014. Identificamos vários trambiques, inclusive nas relações empresariais com Wagner Abrahão, em pagamentos de bônus milionários.

Com base em informações dos demonstrativos de resultados do COL, do sigilo bancário e da Planilha de Transferências Internacionais em reais (TIR) do Banco Central do Brasil, a organização da Copa do Mundo de 2014 registrou uma receita declarada de 981,6 milhões de reais, entre os anos de 2012 e 2015. Nesse valor não estão incluídos os empréstimos concedidos pela FIFA e posteriormente pagos pelo COL, que totalizaram 66,7 milhões de dólares.

Sobre a remuneração dos dirigentes, as informações obtidas com as quebras dos sigilos bancário e fiscal indicaram que Ricardo Teixeira recebeu R$ 5.851.368,82, entre os anos de 2009 e 2011. Já entre 2013 e 2014, José Maria Marin recebeu R$ 5.290.936,29. Esses dirigentes acumulavam, nesses períodos, a presidência da CBF, recebendo salários igualmente vultosos.

É preciso lembrar que os promotores do megaevento têm compromisso institucional sobre as operações realizadas, pois foram beneficiados, indiretamente, com verbas oficiais, por meio de isenções fiscais (Lei nº 12.350/2010) e por investimentos do Banco Nacional de Desenvolvimento Econômico e Social (BNDES) e da Caixa Econômica Federal. O dinheiro liberado foi aplicado tanto para a construção como para a reforma dos estádios que serviram ao Mundial de Futebol.

Essa participação das instituições públicas brasileiras ajudou no resultado financeiro da Copa no Brasil, que registrou um lucro recorde na competição, 5 bilhões de dólares (16 bilhões de reais), segundo o repórter Jamil Chade, que revelou dados oficiais do balanço da competição em reportagem de 19 de março de 2015 no jornal *O Estado de S. Paulo*.*

A composição do COL, no Brasil, foi no modelo de uma sociedade limitada, formada unicamente pela Confederação Brasileira de Futebol (9.999 cotas) e por uma pessoa física: o próprio presidente da CBF (1 cota).

Além das implicações jurídicas e práticas, o modelo escolhido gera a peculiar situação em que uma única pessoa, assinando duas

---

* Fonte: <http://esportes.estadao.com.br/noticias/futebol,fifa-fatura-r-16-bilhoes-com-a-disputa-da-copa-do-mundo-no-brasil,1653669>.

vezes o mesmo documento, decide sozinha sobre o uso de um orçamento que gira em torno de 1 bilhão de reais.

Como exemplo, reproduzo a imagem retirada dos documentos fornecidos pela Junta Comercial do Rio de Janeiro (JUCERJA), na qual Ricardo Terra Teixeira assina uma das atas de reunião do COL como presidente da CBF e como pessoa física.

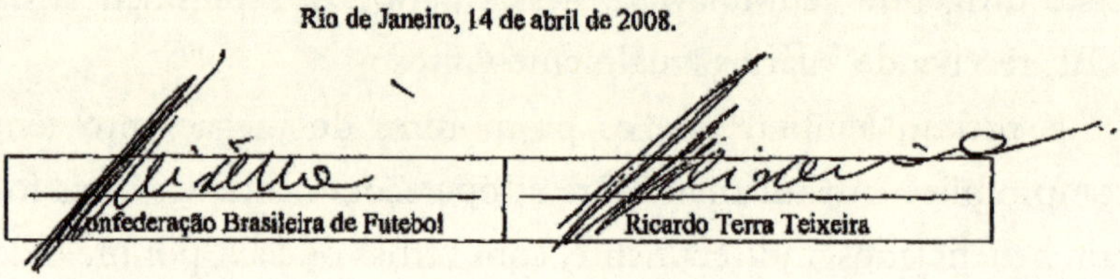

Rio de Janeiro, 14 de abril de 2008.

Confederação Brasileira de Futebol | Ricardo Terra Teixeira

Da mesma forma, José Maria Marin, que sucedeu Teixeira na presidência da CBF e como sócio cotista do COL, assina duas vezes as atas de alteração do contrato social.

Rio de Janeiro, 23 AGO. 2012

15º Ofício de Notas

Confederação Brasileira de Futebol
por seu Presidente
José Maria Marin

José Maria Marin

Essa esdrúxula situação sugere imaginar conversas do presidente da CBF com ele mesmo, em lados opostos da mesa, com ilusórias trocas de lugares, como se fossem personagens distintos. E, assim, decidiam por duas instituições, mas com medidas que saíam de uma só cabeça.

Além disso, há uma prova colhida pela CPI do Futebol – 2015 que demonstra a resistência do COL para receber, em sua administração, um representante legal do governo federal, evidentemente com o propósito de afastar qualquer iniciativa de controle externo sobre a entidade. Isso está claro num e-mail de Marco Polo Del Nero ao então secretário-geral da FIFA, Jérôme Valcke, em 5 de maio de 2012, cujo texto reproduzo na íntegra:

Assunto: Ministério do Esporte do Brasil
De: Marco Polo Del Nero /O=FPF/OU=EXCHANGE ADMINISTRATIVE GROUP (FYDIBOHF23SPDLT)/ CN=RECIPIENTS/CN=MPDN
Para: jerome.valcke@fifa.org;
CC: eliana.nunez@fifa.org;
Envio: 05/05/2012 10:53:44

Estimado Jerome

Por solicitação do Ministro do Esporte Aldo Rebelo participamos de uma reunião na residência do Presidente do Senado Dr. Jose Sarney (amigo pessoal do presidente Marin), com o presidente do COL e da CBF Jose Maria Marin e com o Ministro Aldo e dois assessores do ministério.

1) propôs o Ministro do Esporte que houvesse uma relação muito próxima com o COL e que devêssemos trabalhar juntos. Como exemplo: os executivos do COL iriam verificar obras e eventos e o governo federal sempre estaria presente.

Minha posição: entendo ser altamente positiva a agenda em conjunto pois o governo federal estaria atento a todas dificuldades e andamento das obras;

2) propôs o ministro Aldo que o governo tivesse seu secretario executivo um assento no COL, isento de salários, no

intuito de acompanhar o dia a dia do escritório do COL no Brasil.

Disse-lhe que essa era uma decisão da FIFA.

Minha posição: importante o governo federal participar de todas as visitas de trabalho das obras mas que nao tivesse assento obrigatório no COL. Pudesse ser chamado quando o COL o convidasse em reuniões de trabalho interno como convidado.

Sao essas as informações que tenho de repassar ao ilustre amigo e secretario geral para seu conhecimento e decisão. Att. Marco Polo Del Nero

Enviado via iPad

Portanto, o COL se mostrou refratário a incorporar um representante do governo federal em sua administração. O pedido do então ministro do Esporte, Aldo Rebelo, se acatado, contribuiria sobremaneira para o fortalecimento da governança do COL.

O Brasil foi escolhido em outubro de 2007 como país-sede da Copa do Mundo 2014. Sete meses depois, em 13 de maio de 2008, o Comitê Organizador Local deu entrada em seu registro na Junta Comercial do Rio de Janeiro (Jucerja), cujo procurador regional, Gustavo Tavares Borba, fez exigências para efetivar o registro. Em particular, o procurador apontava uma irregularidade na cláusula de distribuição de lucros, que poderia ser feita de maneira desvinculada da participação societária, configurando uma violação indireta ao artigo 6º do Estatuto da CBF. Em suma, a proposta inicial era que o COL distribuísse os lucros obtidos sem respeitar a proporção entre os sócios. O procurador apontava, também, a necessidade de previsão explícita, no Estatuto da CBF, que autorizasse a associação a participar em sociedade.

O COL, em pedido de reconsideração, solicitou que as exigências fossem canceladas. Estranhamente, no dia seguinte, o processo de criação do COL foi deferido, em "decisão singular", conforme imagem abaixo. Observe-se, porém, que a autorização não foi assinada pelo procurador que fez as exigências originais, Gustavo Tavares Borba, mas por outra autoridade competente da Junta Comercial, o que demonstra, mais uma vez, a forte influência da CBF junto às instituições oficiais da República, como já comentei, e, em particular, às do Rio de Janeiro.

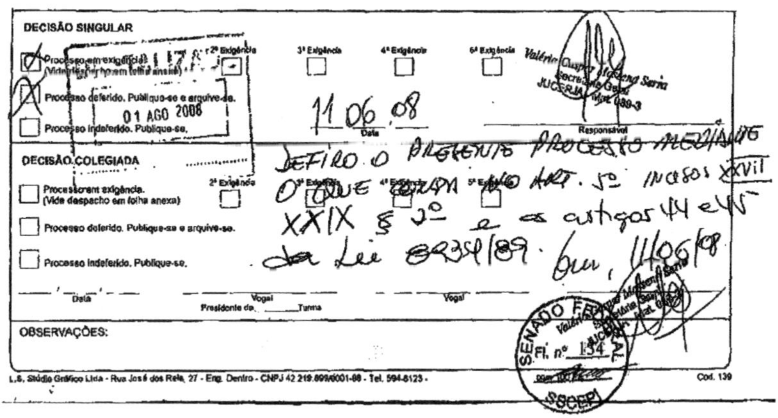
DECISÃO SINGULAR
Processo em exigência. (Vide despacho em folha anexa) 2ª Exigência 3ª Exigência 4ª Exigência 5ª Exigência
Processo deferido. Publique-se e arquive-se.
01 AGO 2008
Processo indeferido. Publique-se.
11 06 08
Data Responsável
DECISÃO COLEGIADA
Processo em exigência. (Vide despacho em folha anexa) 2ª Exigência 3ª Exigência 4ª Exigência 5ª Exigência
Processo deferido. Publique-se e arquive-se.
Processo indeferido. Publique-se.
Data Vogal Vogal Vogal
Presidente da ___ Turma
OBSERVAÇÕES:
L.S. Stúdio Gráfico Ltda - Rua José dos Reis, 27 - Eng. Dentro - CNPJ 42 219.899/0001-88 - Tel. 594-8123 - Cód. 139

O COL foi registrado com o nome empresarial Copa do Mundo FIFA 2014 Comitê Organizador Brasileiro Ltda. e o CNPJ 10.014.746/0001-08.

Cabe ressaltar que em 16 de outubro de 2012, o objeto social do COL foi modificado com uma redação que previa, em sua cláusula 2ª, organizar, sediar e realizar a Copa das Confederações de 2013 e a Copa do Mundo de 2014, "inclusive mediante prestação de serviços".

Tal alteração permitiu a atuação do COL como prestador de serviços, conforme assinala a ata de reunião dos sócios em 16/10/12. As evidências colhidas pela CPI apontam que a forma de financiamento do COL foi alterada pela FIFA, passando da concessão de empréstimos para um modelo de prestação de serviços.

Na ocasião do registro do COL, Ricardo Terra Teixeira, então presidente da CBF, era pessoa física sócia do comitê. A terceira alteração do contrato social, em 07/03/2012, mostra a mudança no quadro societário, quando Ricardo Teixeira é substituído por José Maria Marin. Mas os documentos obtidos pela CPI não registram alteração do quadro societário quando Marco Polo Del Nero sucedeu José Maria Marin na presidência da CBF, em abril de 2015. Porém, a quebra do sigilo bancário de Marco Polo Del Nero revela recebimentos do COL, a partir de abril de 2015, sob a rubrica "remuneração/salário", no valor mensal de R$ 40.372,43. Reportagens de grandes jornais também confirmaram a posse de Marco Polo Del Nero como diretor-presidente do COL.

Perante o público e as autoridades brasileiras, o COL manteve um nível de transparência aquém do desejável.

Apesar de anunciar publicamente haver contratado auditoria externa para suas contas, o COL não tornou público nem disponibilizou a essa CPI o resultado da auditoria.

Ainda sobre o assunto "prestação de contas", uma notícia do jornal *O Estado de S.Paulo* de 19 de dezembro de 2015 anunciava que a FIFA havia suspendido os repasses do "legado da Copa" prometidos à CBF, que totalizariam 100 milhões de dólares. Dizia a reportagem que, segundo um porta-voz da FIFA, "requisitos adicionais de informes e auditorias estão atualmente sob discussão com a CBF".

Essa situação continuou até a edição final deste livro, o que sugere concluir que a falta de transparência provocou o travamento das remessas acordadas.

As isenções fiscais

Ainda na competência da gestão do COL há um assunto que mostra como os cartolas da CBF agem para evitar qualquer brecha na legislação capaz de levar a uma auditoria em suas contas. Mas, no caso que vou narrar, o tiro saiu pela culatra.

A Lei nº 12.350, de 20 de dezembro de 2010, prevê a concessão de benefícios fiscais referentes à realização da Copa das Confederações FIFA 2013 e da Copa do Mundo FIFA 2014. Essa lei foi regulamentada pela Receita Federal do Brasil por meio da Instrução Normativa nº 1.211/11, sucedida pela Instrução Normativa nº 1.289, de 4 de dezembro de 2012.

Prática comum para evitar o controle fiscalizatório dos poderes públicos, em sua segunda alteração do contrato social, datada de 25/11/2010, o COL incluiu uma cláusula em seu regimento em que renunciava a qualquer isenção de tributos, na seguinte forma:

> Cláusula Décima Nona. A Sociedade não usufruirá de qualquer isenção de tributos que lhe venha a ser concedida em caráter específico, comprometendo-se a recolher todos os tributos de que for contribuinte ou responsável tributária.

Uma mensagem eletrônica obtida pela CPI, de 4 de outubro de 2012, registra uma comunicação entre Carlos Eugênio Lopes, diretor jurídico da CBF, e José Maria Marin, então presidente do COL. Essa comunicação cita uma carta de Jérôme Valcke, então secretário-geral da FIFA, ao presidente do COL, em que determina providências para a obtenção dos tais benefícios fiscais.

Menos de duas semanas depois desse comunicado de Valcke, em 16 de março de 2012, os sócios do COL se reuniram, quando tomaram a seguinte decisão, registrada em ata:

> Acatando determinação da FIFA e a fim de que esta possa fazer uso amplo das isenções de tributos concedidas em decorrência da realização da Copa do Mundo FIFA 2014, os Sócios resolvem suprimir a Cláusula Décima Nona do Contrato Social.

Em seguida o COL solicitou e obteve, junto à Receita Federal do Brasil, a habilitação para gozar dos benefícios fiscais previstos na Lei nº 12.350/11, por meio do processo 18470-731.643/2012-70, tendo a sua habilitação publicada em 29/11/2012.

Estranhamente, e em contradição com a sequência desses fatos, a FIFA, em comunicado no seu site, sustentou que não solicitou nenhuma isenção de impostos para seus fornecedores ou patrocinadores, conforme trecho a seguir:

"A FIFA não faz nenhuma demanda de isenção geral de impostos para seus patrocinadores ou fornecedores, ou para *qualquer atividade comercial no país-sede.*" (tradução livre)

Publicamente, a FIFA declarou não haver pedido nenhuma isenção fiscal. Mas, nas comunicações privadas, exigiu que o COL conseguisse as isenções.

Devido à pouca transparência da entidade, que não tornou públicas as informações nem as disponibilizou, não foi possível estimar o valor efetivo da renúncia fiscal concedida ao COL. Pelo tamanho do orçamento executado – quase 1 bilhão de reais, pode-se concluir que um valor substancial em impostos deixou de ser recolhido aos cofres públicos, o que necessariamente obrigaria o controle externo sobre as contas do COL pelos órgãos de fiscalização do país, entre os quais o Ministério Público, o Tribunal de Contas da União e a Secretaria da Receita Federal.

Financiamento do COL

Os gastos do COL para a realização da Copa do Mundo de 2014 foram integralmente cobertos pela FIFA, conforme o relatório financeiro por ela divulgado. O mesmo relatório cita o valor total de 453 milhões de dólares transferidos pela FIFA ao COL, desde a sua fundação até o ano de 2014.

O modelo inicialmente escolhido pela FIFA para financiar o COL foi baseado em um conjunto de empréstimos, revela uma carta do secretário-geral, Jérôme Valcke, e Markus Kattner, secretário-geral adjunto.* Os empréstimos, entre 2009 e 2012, totalizaram 66,75 milhões de dólares, conforme a planilha de operações de câmbio do Banco Central do Brasil.

A mesma carta da FIFA menciona uma alteração contratual que previa que o pagamento do empréstimo seria feito em reais, e não em dólares americanos, de acordo com o trecho abaixo:

> FIFA and the LOC hereby agree, that the LOC shall repay to FIFA the Total Loan Amount in Brazilian Real (BRL) and not in US-Dollars in accordance with the following repayment plan.

* DOC254 – Operação Durkheim – Polícia Federal.pdf (sigiloso), 33.

A FIFA *e o* COL *concordam que o* COL *deve pagar à* FIFA *o valor total do empréstimo em reais brasileiros, e não em dólares americanos, de acordo com o seguinte plano de pagamentos.* (tradução livre).

O plano de pagamentos menciona o total de R$ 121.533.000,00 para a quitação do empréstimo à FIFA. Entretanto, a planilha de operações de câmbio do Banco Central registra os valores pagos, em dólares americanos,* conforme o seguinte registro:

Data	Valor (US$)
06/02/2013	5.000.000,00
06/02/2013	5.000.000,00
06/02/2013	1.750.000,00
06/02/2013	12.000.000,00
29/05/2013	12.000.000,00
17/12/2013	6.000.000,00
17/12/2013	8.000.000,00
10/06/2014	8.000.000,00
29/08/2014	4.500.000,00
28/10/2014	4.500.000,00
TOTAL	**US$ 66.750.000,00**

A CPI solicitou ao COL, por meio de ofício, uma explicação sobre a razão da diferença de valores, mas não obteve nenhuma resposta.

Em setembro de 2012 a FIFA decidiu alterar a forma de financiamento do COL e enviou o seguinte texto aos dirigentes:

* DOC180 – Parte ref. COL – MID Câmbio (sigiloso).

A FIFA decidiu que os Loan Agreements não são mais a melhor estrutura para financiar o COL e, ainda, determinou que o modo mais eficiente para estruturar o sediamento, a organização e o financiamento das competições é a prestação de serviços pelo COL à FIFA, em conformidade com as diretrizes estabelecidas pelo Hosting Agreement (os "Serviços") e conforme o Contrato de Prestação de Serviços a ser celebrado entre as Partes (o "Service Agreement"); o financiamento mencionado deve ser realizado em valor suficiente para permitir ao COL repagar os Loan Agreements sem afetar todas as suas obrigações financeiras e de outra natureza.

Conforme já mencionei, no mês seguinte à carta da FIFA, o COL alterou seu estatuto para incluir a possibilidade de atuar como prestador de serviços. Em seguida, em novembro de 2012, a FIFA assinou um acordo de prestação de serviços com o COL ("Service Agreement").* O acordo lista os serviços esperados do COL e especifica os valores a serem pagos pela FIFA (itens 3.2 e 3.3 do contrato). A remuneração proposta pela FIFA é dividida em duas categorias: "custos dos serviços" ("Services' Costs") e "taxa do provedor de serviços" ("Service Provider's Fee"). A primeira prevê o pagamento de R$ 770.272.000,00 e a segunda, o valor de R$ 121.533.000,00. Cabe notar que a segunda parte corresponde exatamente ao valor de pagamento do empréstimo obtido pelo COL junto à FIFA. O total previsto para pagamento pelos serviços do COL é de R$ 891.805.000,00.

Utilizando as informações dos demonstrativos de resultados liberados pelo COL, em resposta ao requerimento 106/2015, do sigilo bancário e da Planilha de Transferências Internacionais em

* DOC254 – Operação Durkheim – Polícia Federal.pdf (sigiloso).

reais (TIR), providas pelo Banco Central do Brasil, temos o seguinte resumo de recebimentos do COL:

Ano	Receita declarada (demonstrativo de resultados)	Transferências da FIFA (TIR Bacen)
2008	–	–
2009	–	–
2010	–	–
2011	–	–
2012	R$ 55.000.000,00	R$ 55.000.000,00
2013	R$ 370.000.000,00	R$ 370.000.000,00
2014	R$ 554.750.000,00	R$ 555.000.000,00
2015 (parcial)	R$ 1.900.000,00	R$ 2.000.000,00
Total	R$ 981.650.000,00	R$ 982.000.000,00

Os valores acima listados não incluem os empréstimos concedidos pela FIFA e posteriormente pagos pelo COL, como já detalhei. Os valores registrados pelo Banco Central e presentes nos demonstrativos de resultados do COL superam em quase 90 milhões de reais o total previsto no contrato de prestação de serviços entre o COL a FIFA. Essa CPI solicitou informações ao COL sobre a diferença de valores, mas, como nos demais pedidos, ficou sem resposta.

Remuneração dos dirigentes

A CPI identificou, por meio do sigilo bancário e fiscal, dois tipos de pagamentos aos dirigentes do COL: um pagamento mensal de salários e um pagamento anual, que acontecia em novembro ou dezembro de cada ano.

Consultando o sigilo fiscal de José Maria Marin, identificou-se que o então diretor-presidente do COL declara ter recebido (DIRF ano-retenção 2013) o valor de R$ 985.201,95 em dezembro de 2013. Esse recebimento é declarado sob a categoria "3562 – IRRF – PARTICIPAÇÃO LUCROS OU RESULTADOS – PLR".* Considerando que o Contrato Social do COL proíbe a distribuição de dividendos antes do final da Copa do Mundo, questionou-se ao COL qual a natureza desse pagamento. Segue abaixo a resposta da entidade:**

> A esse respeito, esclareça-se que toda remuneração paga pelo COL e percebida pelo Sr. José Maria Marin decorreu da atuação deste como Diretor-Presidente do COL entre março de 2012 e abril de 2015, não guardando qualquer relação com a participação por ele detida no quadro societário da entidade, pelo que nada foi devido ou pago.
>
> Ou seja, a exemplo do que ocorre em algumas sociedades empresárias, o Diretor-Presidente do COL fez jus ao recebimento de remuneração pelo exercício de suas funções, inclusive remunerações variáveis, definidas conforme atendimento ao programa de metas do COL, assim como ocorreu com todos os demais integrantes do Comitê. Jamais houve, portanto, recebimento de dividendos pelo Sr. José Maria Marin ou por qualquer outro sócio do COL.

Porém, a CPI não teve acesso à ata de reunião ou a qualquer documento que autorizasse esse pagamento específico. Assim, não há como confirmar a natureza do pagamento efetuado, o que

* FIFA Financial Report 2014 (Relatório financeiro da FIFA de 2014).

** DOC207 – COL ROMÁRIO.pdf.

levanta fundadas suspeitas de que houve burla à cláusula societária anteriormente mencionada, inclusive com indícios de crime contra a fé pública.

A tabela abaixo indica os rendimentos totais declarados pelos diretores-presidentes do COL nos períodos de 2009-2011 e 2012-2014. O ano de 2012, em que houve a transição entre Ricardo Teixeira e José Maria Marin, não apresenta os números porque a Receita Federal não envia os dados sobre períodos de quebra de sigilo que não envolvam o ano completo.*,**

Recebimentos dos diretores-presidentes do COL (IRPF)		
	José Maria Marin	**Ricardo Terra Teixeira**
2009	-	R$ 1.320.000,00
2010	-	R$ 1.320.000,00
2011	-	R$ 3.211.368,82
2012	*sem informações*	
2013	R$ 1.600.912,35	
2014	R$ 3.690.023,94	
TOTAL	**R$ 5.290.936,29**	**R$ 5.851.368,82**

Portanto, o COL gastou, apenas com o seu diretor-presidente, mais de 11 milhões de reais, em cinco anos analisados.

Ressalta-se também a diferença de remuneração total recebida pelo mesmo dirigente, em anos consecutivos, a título de bonificação variável. Como exemplo, no ano de 2011 Ricardo Teixeira recebeu mais que o dobro da remuneração recebida no ano anterior. Considerando que o objetivo máximo do COL seria a realização da Copa do Mundo FIFA 2014, que ocorreria apenas três anos depois, torna-se difícil justificar os recebimentos como "bônus de

* DOC145 – Fiscal – Ricardo Teixeira e COL (sigiloso).
** DOC074 MID007 CPF 011.625.358-49 (sigiloso).

desempenho". Cabe lembrar também que esses dirigentes acumulavam, no mesmo período, a presidência da CBF, recebendo salários igualmente vultosos.

Contratos e gastos com empresas

Para cumprir o objetivo de planejar e executar a Copa das Confederações e a Copa do Mundo FIFA 2014, o COL celebrou contratos de fornecimento de produtos e serviços com diversas empresas, o que correspondeu à maior parte dos seus gastos. Utilizando os demonstrativos de resultados apresentados pelo COL, a tabela abaixo resume os gastos anotados na categoria "custos das vendas e serviços".*

	Custos das vendas e serviços (demonstrativo de resultados)
2012	R$ 21.666.330,88
2013	R$ 176.648.089,18
2014	R$ 431.586.979,94
TOTAL	**R$ 629.901.400,00**

Considerando o elevado volume de recursos dispendidos e o recebimento de isenções fiscais por parte do COL, era de esperar que as contratações efetuadas fossem norteadas pela transparência, pela impessoalidade e pelos demais princípios que garantissem o uso transparente e eficiente dos recursos. Porém, o COL não tornou públicos nem disponibilizou a essa CPI os contratos de prestação de serviços ou seus extratos. Isso dificultou sobremaneira a

* DOC215 – Demonstrativos de Resultados do COL – Esclarecimentos – Ofício 215 de 2016 (sigiloso).

análise da legalidade das contratações. O sigilo bancário do COL revela uma série de pagamentos a empresas que precisam ser investigados melhor, em função do histórico e das conexões dessas companhias e seus acionistas com o COL, a CBF e seus dirigentes, especialmente quanto a eventuais ajustes, combinações ou qualquer outro expediente voltado ao recebimento de vantagens indevidas decorrentes de contratações direcionadas. Passaremos a detalhar algumas dessas operações.

A Presc e o Grupo Águia

O sigilo bancário do COL mostra pagamentos totais de R$ 129.194.081,14 à empresa Presc Viagens e Turismo Ltda. – ME, CNPJ 04.138.584/0001-17, de julho de 2009 a dezembro de 2014. Essa empresa utiliza o nome fantasia Four Business Travel. O sigilo bancário revela também pagamentos totais de R$ 6.247.578,09 identificados com o nome fantasia da empresa, mas sem o registro do CNPJ.

A primeira informação peculiar é o fato de uma microempresa receber contratos da ordem de 130 milhões de reais, que correspondem aos maiores gastos individuais do COL em toda a sua existência. Cabe também analisar a composição acionária da empresa. Segundo informações do sistema Infoseg, os acionistas da Presc são Bruno Vieira de Castro, Manoel Antônio Calmon Nogueira e a empresa Asa Participações Ltda., representada por Wagner José Abrahão.

À frente do Grupo Águia, Wagner Abrahão é certamente o empresário mais citado em todas as investigações de irregularidades da CBF e também da CPI, a ponto de merecer um capítulo específico no relatório paralelo que apresentei.

Como expliquei, o Grupo Águia tem sido, durante décadas, o fornecedor de passagens aéreas e hospedagem para a Confederação Brasileira de Futebol, sempre em operações suspeitas de irregularidades, superfaturamento e favorecimento.

Por isso, questiona-se o motivo de, entre centenas de empresas no mercado, ter sido escolhido o mesmo fornecedor da CBF. A CPI solicitou esclarecimentos sobre os critérios de seleção aplicados, mas nenhuma resposta foi dada. Esse silêncio levantou forte suspeição sobre a possibilidade de vínculo associativo entre as partes, com a finalidade de afastar outros fornecedores da competição.

O grupo Match e o COL

Fora do campo de jogo, a venda de ingressos para uma Copa do Mundo é um dos temas mais polêmicos, a ponto de, no Brasil, ter se tornado rumoroso caso de polícia, com prisões de personagens internacionais, entre eles Raymond Whelan, executivo-chefe da Match Services, como vou explicar adiante.

O ponto de partida do segmento "ingressos" e "hospitalidade" é o Grupo Match, que é composto, dentre outras empresas, pela Match Services AG e Match Hospitality AG, ambas sediadas em Zurique, Suíça. As duas empresas são controladas pela "holding" Byrom PLC, da família Byrom.* Os irmãos Jaime e Enri-

* DOC215 – Demonstrativos de Resultados do COL – Esclarecimentos – Ofício 215 de 2016 (sigiloso).

que Byrom, cidadãos mexicanos que emigraram para a Inglaterra em meio ao sucesso de seu grupo empresarial, aproximaram-se do então secretário-geral da FIFA, Joseph Blatter, durante a Copa do Mundo do México, em 1986, conforme afirma o jornalista Andrew Jennings em seu livro *Um jogo cada vez mais sujo* (Panda Books, 2014).

Jennings, que prestou um contundente depoimento a essa CPI, afirma em seu livro que os irmãos Byrom forneceram milhares de ingressos da Copa do Mundo de 2006 a Jack Warner, então vice-presidente da FIFA, que os revendeu de maneira ilegal. Envolvido em diversos casos de corrupção, Warner foi preso e processado durante o FIFA *Case* em 2015, tendo sido banido perpetuamente do futebol pelo comitê de ética da FIFA.*

No mesmo livro, Jennings afirma que Phillipe Blatter, sobrinho de Joseph Blatter, adquiriu 5% da Match por meio da empresa Infront, demonstrando as intrincadas e antigas relações entre a Match e a FIFA. O grupo Match possui negócios com a FIFA desde a Copa do Mundo FIFA 1994, atuando na gestão e venda de ingressos e pacotes de hospitalidade.**

Para atuar na Copa do Mundo FIFA 2014, o grupo constituiu duas empresas no Brasil: a Match Services de Eventos Ltda. (CNPJ 10.696.657/0001-99) e a Match Hospitality Serviços Ltda. (CNPJ 14.152.820/0001-03). Ambas possuem como acionista a senhora Ivy Isabel Byrom Aparício, também membro da família e diretora do grupo Byrom.*** As duas empresas solicitaram e receberam os benefícios fiscais advindos da Lei nº 12.350/2010

---

* Fonte: <http://www.fifa.com/governance/news/y=2015/m=9/news=independent-ethics-committee-bans-jack-warner-from-football-related-ac-2701902.htm>.

** Fonte: <http://www.bbc.com/news/business-28266610>.

*** Fonte: <http://www.byrom.plc.uk/about/meet-the-team>.

e da Instrução Normativa RFB nº 1.211/2011,* que tratam das isenções tributárias para empresas operadoras da Copa da Confederações e Copa do Mundo, ambas no Brasil.

Da mesma forma que nas Copas anteriores, o grupo Match foi escolhido pela FIFA para fazer a venda de ingressos e pacotes de hospitalidade na Copa do Mundo de 2014.

A atuação do grupo no Brasil veio a público após a prisão de Raymond Whelan, executivo-chefe da Match Services, no Rio de Janeiro, em 14 de julho de 2014, acusado de participar de uma máfia de venda ilegal de ingressos. Posteriormente, o Tribunal de Justiça do Rio de Janeiro arquivou as denúncias contra o cidadão inglês, mantendo a acusação contra os demais réus do processo.

O desenho abaixo resume as transferências bancárias do COL para as duas empresas do grupo Match e para a empresa criada pela FIFA para a venda de ingressos no Brasil.

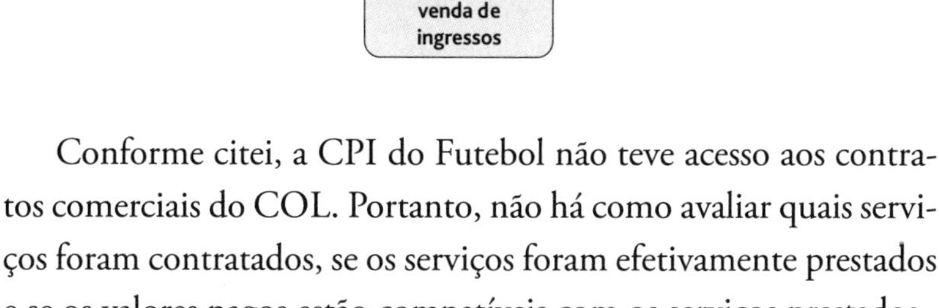

Conforme citei, a CPI do Futebol não teve acesso aos contratos comerciais do COL. Portanto, não há como avaliar quais serviços foram contratados, se os serviços foram efetivamente prestados e se os valores pagos estão compatíveis com os serviços prestados.

* Fonte: <http://idg.receita.fazenda.gov.br/sobre/acoes-e-programas/grandes-eventos/lista-de-contribuintes-habilitados-aos-beneficios-da-lei-no-12-780-de-2013-jogos--olimpicos-2016>.

Para tentar avançar nas investigações, a CPI enviou ofício aos representantes do COL, solicitando esclarecimentos sobre esses contratos, mas nenhuma resposta foi dada.

Nunca é demais lembrar um dos modos criminosos de agir da CBF, a partir de contratos de fornecimento de bens e serviços executados de maneira superfaturada, com qualidade ou quantidade proporcional às vantagens indevidas (propinas), como descrevi nos *modus operandi* dos ilícitos penais.

O COL e a construção dos estádios

O COL acompanhou o projeto e a execução dos estádios que abrigaram competições da Copa do Mundo FIFA 2014. Várias empresas que construíram estádios para a Copa foram beneficiárias de recursos do BNDES.*

O papel do COL nessa área é esclarecido pela própria entidade, em comunicação a essa CPI, conforme abaixo:**

> No exercício de suas funções, o COL e a FIFA acompanhavam a elaboração e a execução dos projetos de estádios, com o exclusivo propósito de verificar se, à luz dos requerimentos técnicos vigentes da FIFA, tais equipamentos estariam em condições operacionais e de espaço suficientes para receber adequadamente as partidas da Copa do Mundo FIFA 2014.

Segue o COL em sua descrição das atividades:

---

* Fonte: http://www.bndes.gov.br/sitebndes/bndes/bndes_pt/institucional/apoio_financeiro/programas_e_fundos/procopaarenas.html

** DOC207 – COL ROMÁRIO.pdf.

> Portanto, o COL e a FIFA esclareciam aos proprietários dos estádios se os projetos em desenvolvimento ou os trabalhos em andamento estavam ou não em linha com os requisitos operacionais e de espaço aplicáveis às partidas da Copa do Mundo. E cada proprietário de estádio tomava as decisões arquitetônicas, de engenharia ou financeiras que entendesse cabíveis, dentro de sua discricionariedade, para que os estádios atendessem aos parâmetros aplicáveis.

No mesmo comunicado, o COL esclarece, também, que não aprova os projetos de construção ou reforma dos estádios:

> Neste contexto, o COL simplesmente emitirá às Sedes, a pedido destas, posicionamentos sobre a evolução dos trabalhos nos estádios, não cabendo ao COL aprovar a construção ou reforma dos estádios, o que, por óbvio, somente poderia ser feito pelos proprietários destes.

Muito embora a CPI não tivesse recebido os contratos do Comitê Organizador Local ou os seus extratos, sabe-se, pela quebra do sigilo bancário, que o COL contratou a empresa Arena Assessoria de Projetos Ltda. (CNPJ 09.161.729/0001-14), especializada em administração de obras, com pagamentos que se iniciaram em agosto de 2010 e seguiram até outubro de 2014.

Considerando que o COL não era responsável pelo projeto arquitetônico dos estádios nem pela sua construção, supõe-se que o objetivo da contratação tenha sido a consultoria e o acompanhamento dos projetos e da construção dos estádios, no que tange à adequação às normas da FIFA.

Como nos demais casos, a CPI solicitou esclarecimentos ao COL quanto aos serviços prestados pela empresa. Mas resposta alguma foi dada, o que demostra que a falta de transparência na CBF repercutia no COL. Afinal, o gestor era o mesmo, logo...

Essa falta de informações não impediu que a equipe da CPI avançasse nas investigações.

De acordo com o sigilo bancário, a Arena Assessoria de Projetos recebeu do COL o total de R$ 32.413.227,93 entre 2010 e 2014. Considerando os 51 meses em que houve pagamentos, tem-se um valor médio mensal de aproximadamente 635 mil reais. Mas, mesmo após o encerramento da Copa, em 13 de julho de 2014, o COL ainda fez pagamentos à empresa, até outubro daquele ano, no valor de R$ 4.766.880,50.

A empresa Arena Assessoria de Eventos Ltda. é uma sociedade empresarial limitada, tendo os senhores Carlos de La Corte e Nélson de La Corte como sócios. Segundo reportagem do jornal *O Estado de S. Paulo*,* Carlos de La Corte teve como sócio Danilo Carvalho, na empresa Daro Engenharia, durante os anos de 2008 e 2009.

Um mês após a escolha das cidades-sede, Danilo Carvalho fundou o Grupo Stadia. Segundo a reportagem, essa empresa foi escolhida sem licitação, por inviabilidade de competição, para fazer o projeto da Arena da Amazônia, por 14,7 milhões de reais. Em seguida foi contemplada com o projeto da Arena das Dunas, tendo recebido ao menos 2,3 milhões de reais. A reportagem indica que o Grupo Stadia participou, indiretamente, do projeto de outros dois estádios da Copa. Portanto, a empresa de Danilo Carvalho ganhou os projetos de estádios após o seu antigo sócio tornar-se o principal consultor do COL na área de arquitetura e engenharia de estádios.

---

* Fonte: <http://www1.folha.uol.com.br/fsp/esporte/fk3008201103.htm>.

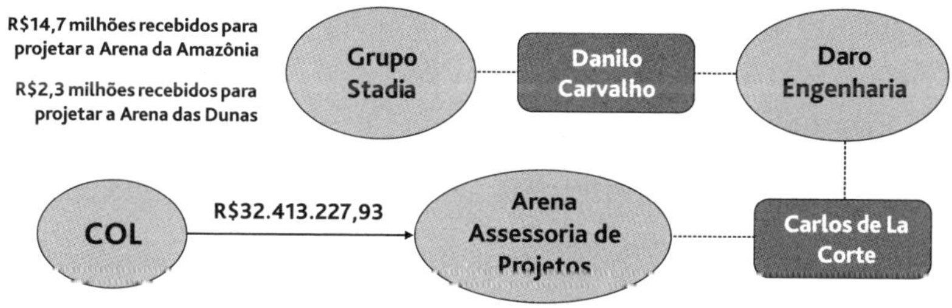

A CPI recomendou em seu relatório alternativo que o Ministério Público Federal investigasse, analisando os contratos, se os pagamentos feitos à empresa eram condizentes com os serviços prestados e se houve favorecimento ao Grupo Stadia nos contratos de projetos dos estádios, particularmente na Arena da Amazônia e na Arena das Dunas.

Para que o leitor não fique apenas com a visão teórica dos fatos, vou narrar um caso que sintetiza o que contei até aqui, e que ilustra muito bem a ousadia dos que usam o futebol para ganhar dinheiro ilegal.

Três anos depois da realização da Copa do Mundo no Brasil, as denúncias de superfaturamento e corrupção nas obras do Estádio Mané Garrincha, em Brasília, provocaram a prisão provisória de dez pessoas, por duas semanas, para investigações. Entre os presos estavam dois ex-governadores do Distrito Federal, José Roberto Arruda e Agnelo Queiroz, em cujas gestões o estádio foi erguido. Também foi preso Tadeu Filippelli, ex-vice-governador de Agnelo. As acusações e as provas eram tão graves que Filippelli foi imediatamente exonerado da seleta lista de assessores especiais do presidente da República, Michel Temer, de quem é amigo de longa data.

Segundo a imprensa, a decisão da Justiça Federal, com base na delação de executivos da construtora Andrade Gutierrez, destinava-se a tomar depoimentos dos acusados na formação de cartel e pagamento de propina na obra do Estádio Mané Garrincha. As investigações apontavam para um superfaturamento da obra de cerca de 900 milhões de reais.

O balanço financeiro desse escândalo tem o seguinte perfil, conforme relato da imprensa:

- Estimativa inicial da obra do estádio – 600 milhões de reais
- Valor final da obra – 1,575 bilhão de reais.
- Estimativa do superfaturamento – 900 milhões de reais

Na preparação do Brasil à Copa do Mundo de 2014 visitei várias instalações, entre elas o Estádio Mané Garrincha, em Brasília. Acompanhado por vários jornalistas, registrei o desperdício, diante da suntuosidade da obra de 72 mil lugares, numa cidade em que o futebol não tem expressão significativa. E critiquei os gastos públicos, alertando que, antes mesmo de a Copa começar, já estávamos perdendo dinheiro. O resultado trágico de toda a competição dispensa comentários, mas pode ser sintetizado nas prisões dos governantes, gananciosos e corruptos.

Contrato de segurança patrimonial

De acordo com o sigilo bancário, a empresa Online Segurança Patrimonial Eireli Ltda. recebeu do COL, de maio a novembro de 2013, o total de R$ 3.295.327,22.

A empresa, que atua no ramo de segurança patrimonial, tem patrimônio declarado de 110 mil reais. Segundo o Relatório de Inteligência Financeira do COAF, a Online fez saques em espécie no valor total de R$ 2.735.192,00. Os saques foram efetuados por Dgival Alves dos Santos Filho, sócio da empresa e candidato a deputado distrital (DF) no ano de 2014.* Em continuidade às investigações, recomendou-se que o sócio da empresa fosse ouvido, com o objetivo de esclarecer o destino dos recursos sacados em espécie.

Demais contratos do COL

O COL, durante o seu período de existência, realizou pagamentos a centenas de fornecedores. Mas à CPI do Futebol, sem acesso aos contratos firmados, tornou-se impossível averiguar a legalidade das aquisições, prestações de serviços e pagamentos. Assim, recomendou-se ao Ministério Público Federal e às autoridades competentes que, em continuidade às investigações, fossem solicitados todos os contratos assinados pelo COL.

Conclusão sobre a atuação do COL

Como ficou claro, não houve nenhuma colaboração dos dirigentes do Comitê Organizador Local da Copa do Mundo de 2014 no sentido de esclarecer dúvidas e demonstrar lisura nas várias operações que realizou ao longo do evento. Essa falta de interesse é muito suspeita, pois a CPI é o ambiente propício para tanto, principalmente porque os gestores que passaram pelo COL também atuaram na CBF, onde sobram exemplos de desmandos e outras falcatruas.

Ante todo o exposto, considerando as fundadas suspeitas de irregularidades e de ilícitos penais que recaem sobre o COL, em

* Fonte: <http://www.tse.jus.br/eleicoes/eleicoes-anteriores/eleicoes-2014/sistema-de-divulgacao-de-candidaturas>.

especial quanto à sua constituição societária, ao seu funcionamento, à distribuição de salários e de lucros e aos contratos celebrados para a realização da Copa das Confederações FIFA 2013 e para Copa do Mundo FIFA 2014, tudo isso somado ao fato de que o COL foi beneficiado, indiretamente, com recursos públicos, por meio de isenções fiscais instituídas pela Lei nº 12.350/10 e de que houve investimentos públicos, por parte do Banco Nacional de Desenvolvimento Econômico e Social (BNDES), na construção e na reforma das arenas-sede dos jogos da Copa do Mundo FIFA 2014, a CPI do Futebol recomendou, nos termos do artigo 58, § 3º, da Constituição Federal, rigorosa e aprofundada investigação em torno das atividades desenvolvidas pelo COL, por parte do Ministério Público Federal e demais autoridades competentes, com vistas a uma eventual aplicação de sanções administrativas, cíveis e penais.

OS PRINCIPAIS ACHADOS: RECOMENDAÇÕES

A CPI do Futebol – 2015, apesar de todo o esforço empreendido, não conseguiu, em alguns casos, exaurir por completo as investigações em torno dos fatos ilícitos praticados na administração do futebol brasileiro (CBF) e do Comitê Organizador Local da Copa do Mundo FIFA Brasil 2014 (COL).

Além do prazo determinado de duração de CPIs, e do limite de recursos financeiros e humanos, essa Comissão Parlamentar ainda contou com boicote político capitaneado pela Bancada da CBF, que trabalhou arduamente na nomeação dos integrantes e no esvaziamento das sessões deliberativas, o que impediu o aprofundamento e a análise de diversos indicadores de cometimento de ilícitos penais.

Nesse sentido, recomendei à Procuradoria Geral da República (PGR), afora os indiciamentos, a conclusão das investigações acerca dos fatos que não puderam ser suficientemente examinados pela CPI, apesar de indicarem o cometimento de crimes contra o sistema financeiro, contra a ordem tributária, de lavagem de capitais e relativos aos gastos da Copa do Mundo de 2014; o Grupo Águia e a CBF; Del Nero e a compra do barco; o caso Kentaro; a CBF e o voo para Barbados; Del Nero e a Operação Durkheim; e o caso da sede da CBF na Barra.

De qualquer sorte, com fundamento no artigo 58, § 3º, da Constituição Federal, o relatório paralelo foi encaminhado ao Ministério Público Federal, para que, dentro de suas prerrogativas constitucionais, dê prosseguimento às investigações iniciadas por essa CPI e promova a responsabilidade civil ou criminal dos eventuais infratores.

Além de chegar às autoridades brasileiras, o relatório alternativo foi enviado ao Comitê de Ética da FIFA, órgão independente responsável pela investigação de violações ao seu Código de Ética e pela aplicação de sanções a seus dirigentes e aos membros das confederações associadas à FIFA.

Não se pode esquecer que a Confederação Brasileira de Futebol faz parte da estrutura da FIFA, através da Conmebol, e que alguns dirigentes da CBF, investigados nessa CPI, ocuparam posições de destaque junto à FIFA, inclusive como parte de seu Comitê Executivo.

RUMOS DO FUTEBOL: DIAGNÓSTICO E PROPOSTAS

O futebol é uma instituição de interesse popular administrada por uma entidade privada, a CBF, mas fora de um mercado do convencional, pois não tem concorrentes.

Os balanços anuais da CBF demonstram os extremos da economia do futebol: de um lado a opulência, de outro a miséria na maioria dos clubes.

O resultado financeiro da CBF de 2016 registra um faturamento de 647 milhões de reais, o que significa um aumento de 16% em relação a 2015. "Desde 2007 o crescimento das receitas da CBF foi de impressionantes 440%", escreveu Amir Somoggi, especialista em marketing esportivo e que há vários anos analisa as finanças do futebol com base em documentos oficiais.

"O principal fator para o incremento das receitas da CBF foram os ganhos com os patrocinadores, que, mesmo com as inúmeras denúncias que envolvem a entidade, continuam depositando milhões na sua conta", afirmou Somoggi.

Em 2016, os patrocínios da CBF somaram 411 milhões de reais. Em 2007 eram 65 milhões de reais. Em uma década, os lucros acumulados somaram 549 milhões de reais.

Porém, no balanço financeiro de 2017, a ser divulgado em abril de 2018, a realidade deverá ser bem diferente da atual, pois seis patrocinadores de expressão abandonaram a parceria com a CBF: Gillette, Sadia, Michelin, Unimed, Samsung e, a grande surpresa, a Chevrolet, que detinha, também, os *naming rights* do Campeonato Brasileiro já havia três temporadas. A direção da CBF nega que a perda de patrocinadores esteja vinculada aos escândalos e denúncias de corrupção na entidade. Dá para acreditar?

Agora, o outro lado:

"Os clubes brasileiros sofrem por meio de uma crise (financeira) profunda e mal conseguem se sustentar. Para sobreviver, precisam de receitas antecipadas, empréstimos, ajuda do governo com refinanciamento de dívidas fiscais, patrocínios de banco estatal etc.", afirmou Amir Somoggi. E concluiu: "Apenas como comparação, o Palmeiras faturou 91 milhões de reais em patrocínios e o Flamengo, 66 milhões de reais, em 2016. Os outros, ainda menos".

O advogado e professor Pedro Trengrouse, da Fundação Getúlio Vargas (FGV), também estudioso das finanças do futebol, avalia que "o modelo atual, fundamentalmente dependente das receitas de TV, já dá sinais de esgotamento e acentua essa globalização de mão única em que clubes estrangeiros têm mercado no Brasil, mas clubes brasileiros não têm no exterior".*

Dos clubes para os atletas, e a realidade da maioria é mais dramática.

---

* Fonte: <http://www1.folha.uol.com.br/opiniao/2017/02/1857456-inovacao-no-futebol.shtml>.

O "Informe 2016 do Emprego Global", uma pesquisa da Federação Internacional dos Jogadores Profissionais (FIFPro),* revelou que o atleta brasileiro tem, dentre 54 países pesquisados, a menor duração média de contratos, 10,7 meses, enquanto no restante do mundo são 22 meses, em média.

A mesma pesquisa mostra o Brasil como o nono país com maior percentual de jogadores (83,3%) que recebem salários abaixo de mil dólares. Considerando que a CBF tem 13 mil atletas registrados, isso quer dizer que 10,8 mil recebem menos de 3.100 reais mensais. Esses jogadores se concentram nos clubes que disputam as divisões menores, séries C e D, assim como nas agremiações com atividades apenas nos campeonatos regionais, que duram no máximo cinco meses. Depois, o desemprego...

A FIFPro obteve resposta de 13.876 atletas de 54 países e, na apresentação sobre a realidade do Brasil, o relato foi o seguinte:

> Muitos brasileiros pesquisados precisam ter um segundo emprego porque não conseguem sobreviver com dinheiro do futebol, incluindo Geovani Cortes Gomes, de 23 anos, que vende hambúrgueres em uma praça de um bairro do Rio de Janeiro. Ele joga apenas quatro meses do ano no campeonato estadual. Gomes disse que seu salário no futebol, de 620 dólares por mês, chega três meses atrasado.

E aí está outra realidade que não pode ser ignorada: depois do Equador e da Costa Rica, o Brasil é o país que mais atrasa o pagamento dos salários de seus jogadores. Em seguida vem o Uruguai.

---

* Fonte: <https://footballmap.fifpro.org/assets/2016_FIFPRO_GLOBAL_EMPLOYMENT_REPORT.pdf>.

Os extremos do futebol

Analisado sob o enfoque do calendário de competições, o panorama do futebol brasileiro piora.

Dados do Bom Senso F.C. indicam que o país tem 684 clubes profissionais. Desses, apenas 88 disputam campeonatos nacionais – séries A, B, C e D. Outros 100 disputam campeonatos estaduais, cujas atividades esgotam-se em maio, provocando o final da temporada e a consequente liberação dos jogadores.

Esse sistema "desemprega por mais da metade do ano cerca de 20 mil profissionais do futebol e pune as equipes que chegam às finais de vários campeonatos, massacrando fisicamente os elencos e diminuindo a qualidade técnica das nossas equipes", revela um estudo do Bom Senso F.C. sobre o calendário do futebol brasileiro. Da mesma forma, o sistema contrasta com a fartura financeira exibida nos balanços anuais da CBF e a orgia de gastos suspeitos realizados pelos seus dirigentes, como se demonstra ao longo do relatório que apresentei na CPI do Futebol – 2015.

Apoios da União ao futebol

A partir de 2003, a participação do Estado nos negócios da bola ocorreu com as seguintes iniciativas promovidas pelo governo do PT:

Refinanciamento da dívida fiscal

Em 2015, a presidente Dilma Rousseff sancionou a Lei do Profut (Programa de Modernização da Gestão e de Responsabilidade Fiscal do Futebol (nº 13.155). A lei permitiu o refinanciamento de cerca de 5,5 bilhões de reais (segundo a imprensa) de passivos junto ao Banco Central, Procuradoria Geral da Fazenda, Receita Federal, Receita Federal Previdenciária e FGTS (Fundo de Garantia por Tempo de Serviço).

Na edição final da Lei do Profut evidenciou-se a "generosidade" do governo ao reduzir significativamente o principal da dívida das agremiações, com as seguintes concessões:

- 240 meses – vinte anos – de prazo para pagamento das dívidas (a proposta original era de cinco anos);
- Pagamentos mínimos mensais de 3.000 reais;
- Redução de 70% das multas;
- Redução de 40% dos juros;
- Abatimento de 100% dos encargos legais.

O resultado dessa política repercutiu imediatamente nas finanças dos clubes. Os balanços financeiros referentes a 2015 mostraram que a renegociação fiscal impactou 773 milhões de reais nos cofres dos vinte principais clubes, segundo o analista Amir Somoggi.

A etapa seguinte à edição da Lei nº 13.155 foi a instalação da "Autoridade Pública de Governança do Futebol". Trata-se do órgão criado pelo governo junto ao Ministério do Esporte, com nove titulares e outros tantos suplentes, e representantes de todos os segmentos do futebol. É o órgão responsável pela fiscalização do cumprimento do acordado entre clubes e governo.

Isenções fiscais

Não há números oficiais, mas as estimativas indicam que na Copa do Mundo o governo federal deixou de arrecadar 1 bilhão de reais. Esse valor, estimado pelo Ministério do Esporte, "daria para construir cerca de 230 escolas, considerando o valor de 4,4 milhões de reais para cada estabelecimento, conforme projeções dos custos de um colégio estabelecido pela Prefeitura de São Paulo", publicou o jornal *O Estado de S.Paulo*.

As isenções contribuíram para o sucesso financeiro do evento, no qual o lucro da FIFA chegou a 5 bilhões de dólares, o maior de todas as Copas, conforme relatório oficial.

Ao contrário do Brasil, a Alemanha não concedeu isenções e arrecadou 108 milhões de euros com a taxação de impostos na Copa de 2006, aproximadamente 326 milhões de reais, segundo matéria da Associação Contas Abertas, em julho de 2014.

Financiamento de estádios

Outra forma de apoio do governo à estrutura do futebol ocorreu nos preparativos do país para receber a Copa do Mundo FIFA 2014.

Segundo o Portal da Transparência, da Controladoria Geral da União, 11 dos 12 estádios da Copa foram reformados e/ou construídos com verbas de bancos estatais (nacionais e/ou regionais). No total, essas instituições de crédito liberaram 4,6 bilhões de reais. Apenas o Estádio Nacional de Brasília, que custou 1,8 bilhão de reais, foi construído com recursos do orçamento do governo do Distrito Federal, por meio da empresa Terracap, Companhia Imobiliária de Brasília.

No geral, o principal banco financiador foi o BNDES, mas também participaram do mutirão o Banco do Brasil, o Banco do Nordeste, a Caixa Econômica Federal e o Banco do Estado do Rio Grande do Sul.

Lei de Incentivo ao Esporte

O futebol está entre as modalidades que mais se beneficiam da Lei de Incentivo ao Esporte (LIE). Segundo balanços do

Ministério do Esporte, entre 2011 e 2016 foram captados 150 milhões de reais para as atividades profissionais e de escolinhas. Desse total, 25,8 milhões foram captados pelo São Paulo F.C., entre 2007 e 2009, e os recursos foram destinados à construção de alojamento para atletas, arquibancadas e vestiários, criação de um Centro de Reabilitação Esportiva e de outro para a Formação de Alta Performance de Jovens Atletas, entre 10 e 15 anos.

Com a força de sua marca institucional, o tradicional clube paulista não teve dificuldades para captar os recursos junto a poderosas empresas como Bradesco, Atlântica Cia. de Seguros, Camargo Corrêa etc. Isso mostra a necessidade de uma urgente revisão na legislação, pois o objetivo primordial da LIE era incentivar o esporte na iniciação, em geral, e o escolar, em particular. Ao contrário, o governo federal está abrindo mão de 400 milhões de reais anuais para "incentivar" o esporte profissional, de alto rendimento, inclusive na "formação" de novos atletas de futebol (escolinhas), que, uma vez revelados, são vendidos no mercado internacional, inclusive. É o dinheiro público financiando a iniciativa privada.

Caixa Econômica Federal

A Caixa Econômica Federal é importante apoiadora do esporte, quer por patrocínios institucionais, quer por investimentos das loterias, previstos em leis.

No futebol, especificamente, a Caixa patrocina clubes das séries A e B há mais de cinco anos. Entre 2014 e 2016, os investimentos de "patrocínio" nesses clubes somaram 387 milhões de reais.

Além disso, a Caixa destina recursos (não revelados) para a Copa Verde, Copa Nordeste, Campeonatos das séries B e C e campeonatos brasileiro e internacional de futebol feminino.

Sobre os repasses sociais e esportivos das loterias, regidos por legislação específica, a Caixa destinou 504 milhões de reais para clubes de futebol, entre os anos de 2009 e 2016. As verbas são provenientes das loterias Esportiva e Timemania.

Secretaria do Futebol

Em 2010 o Ministério do Esporte criou a Secretaria Nacional de Futebol e Defesa dos Direitos do Torcedor.

Deve-se observar que nos últimos anos o governo federal foi, aos poucos, assumindo compromissos próprios das agremiações esportivas – do futebol, especificamente.

A edição do Estatuto do Torcedor, por exemplo, colocou o Ministério do Esporte como órgão fiscalizador do cumprimento das atribuições que são típicas dos clubes de futebol. E outras, que são da área de Segurança Pública dos municípios e estados. No entanto, nem dessa tarefa há saldo positivo a considerar, pois as constantes mudanças na pasta acabam provocando substituições de titulares responsáveis.

O ideal seria uma atualização das competências do Ministério do Esporte, redefinindo os seus limites de atuação para, quem sabe, reduzir a interferência do Estado nas questões profissionais do esporte.

Federações dependentes da CBF

O balanço financeiro da CBF de 2015 registrou repasses de 19,5 milhões de reais para as 27 federações estaduais, média mensal de 60 mil reais por entidade. O dinheiro foi repassado a título de "Contribuição ao fomento do futebol nos Estados e Competições". As notas do balanço explicam:

> [...] contribuição ao fomento do futebol nos Estados, que consiste no repasse às Federações para custeios operacionais, visando o fomento do desenvolvimento do Futebol Regional, em consonância com o artigo 5º do Estatuto da CBF.

A transferência média de R$ 720 mil/ano para cada federação revela como as gestoras estaduais do futebol são dependentes da CBF.

Os presidentes dessas federações são maioria no colégio eleitoral da CBF, tornando-se, por extensão, devedores de "gratidão" pelo apoio financeiro que recebem. Isso sugere a composição de um colegiado viciado e suspeito de ilegalidade democrática nas votações – para presidente da Confederação, por exemplo.

Comparativamente, os 123 milhões de reais repassados às federações representam o dobro do valor investido na Seleção principal (61,7 milhões de reais), conforme o mesmo balanço de 2015.

Regulação e controle da CBF

Propõe-se aqui a edição de novas leis ou a alteração das já existentes, no sentido de possibilitar uma fiscalização efetiva da Confederação Brasileira de Futebol.

Natureza jurídica da CBF

O Estatuto da Confederação Brasileira de Futebol define a entidade como uma associação de direito privado, de caráter desportivo, com organização e funcionamento autônomos (grifo meu).

O regulamento da entidade dispõe ainda que a CBF goza de peculiar autonomia quanto à sua organização e seu funcionamento, não estando sujeita a ingerência ou interferência estatal ou privada, conforme a Constituição Federal e o Código Civil Brasileiro.

Diferentemente de outras sociedades, como a simples ou empresarial, que procuram alcançar lucros para os seus sócios, a associação não visa proveitos econômicos imediatos, não obstante preste determinados serviços remunerados, com vistas à manutenção de suas finalidades.

Em suma, qualquer atividade lícita, sem intuito econômico e que não seja contrária, nociva ou perigosa ao bem público, à segurança do Estado e da coletividade, à ordem pública ou social, à moral e aos bons costumes, pode ser buscada por uma associação.

Da fiscalização das associações

Ao dispor sobre as associações, a Constituição Federal de 1988 afastou a interferência estatal no seu funcionamento. Mas a Constituição Federal não impediu a atuação do Poder Judiciário de prestar a jurisdição (artigo 5º, parágrafo XXXV). Assim, o juiz poderá anular ou revogar os atos associativos e tudo o mais que for necessário ao seu bom funcionamento dentro do Estado Democrático de Direito.

Dessa forma, o poder de fiscalizar as atividades desenvolvidas pela associação em regra caberá aos órgãos constituídos em seu estatuto.

Das atividades de natureza pública da CBF

Com efeito, a Confederação Brasileira de Futebol, ao exercer o poder supremo sobre o futebol brasileiro, definitivamente detém a administração de bens, essencialmente de domínio público, pois dirige com exclusividade o futebol brasileiro e a Seleção Brasileira de Futebol, inegáveis patrimônios culturais do país.

A gestão concentrada da entidade sobre o futebol e a Seleção do país repercute ainda na utilização de outros bens de domínio público, como o hino e a bandeira do Brasil, genuinamente símbolos nacionais.

Com o monopólio do futebol brasileiro, a CBF goza ainda de inúmeros privilégios junto ao Estado, como a possibilidade de isenções fiscais nos seus empreendimentos, a exemplo do que ocorreu recentemente com o Comitê Organizador Local da Copa do Mundo de 2014 (COL); uso de prerrogativas diplomáticas, como a utilização de passaportes reservados aos seus dirigentes, bem como recepções protocolares da delegação brasileira em outros países pelas representações consulares, entre outras regalias de caráter público.

A CBF também é destinatária final das receitas geradas pelo futebol brasileiro. E boa parte dessas receitas é custeada, direta e indiretamente, pelas federações, clubes e, principalmente, pelo torcedor brasileiro.

Nesse sentido, percebe-se que as atividades desenvolvidas pela CBF possuem fortes traços de interesse público, o que importa dizer que a entidade se afigura, perfeitamente, como uma associação privada de interesse coletivo, com nítida simbiose de empreendimento particular com poderes, prerrogativas e finalidades públicas, em razão dos bens de domínio público tutelados por ela.

Um poder fiscalizador sobre a CBF

A CPI do Futebol – 2015 concluiu seus trabalhos apontando inúmeros indícios de crimes praticados pelos principais dirigentes da Confederação Brasileira de Futebol. Verificaram-se graves irregularidades, principalmente quanto à transparência das informações e desvios de conduta de membros de sua diretoria.

Como já expliquei, a CBF oferece assistência financeira (mesadas) às federações e aos clubes. Mas são essas entidades que julgam as contas da doadora, além de serem diretamente responsáveis pela eleição do seu presidente e dos vice-presidentes. Configura-se aí uma legítima troca de favores.

Considerando que a CBF tem natureza jurídica híbrida, ou seja, associação privada de interesse coletivo, entendo que caberia ao Ministério Público e ao Tribunal de Contas velar pelo seu correto funcionamento, ressalvada a sua autonomia administrativa, conferida pela Constituição Federal.

Nesse sentido, cabe referenciar as atribuições constitucionais do Ministério Público, ao qual cabe zelar pelo efetivo respeito dos poderes públicos e dos serviços de relevância pública aos direitos assegurados na Constituição, promovendo as medidas necessárias à sua garantia (artigo 129, inciso II, da CF/88).

Casos semelhantes no ordenamento jurídico brasileiro

O controle externo, por meio do qual se exerce o poder de fiscalização, tem importância fundamental para o eficaz desempenho de qualquer organização que desenvolva atividades de interesse coletivo.

Atualmente, é notória a propensão do ordenamento jurídico brasileiro pelo clamor social ao princípio da transparência, no sentido de outorgar poderes de fiscalização a órgãos alheios às entidades fiscalizadas.

Nesse sentido, deve-se observar a Lei de Responsabilidade Fiscal do Esporte, que confere à Autoridade Pública de Governança do Futebol poderes de fiscalização (Lei nº 13.155/15 e Lei nº

8.642/16); e o Estatuto de Defesa do Torcedor, que dota o Ministério Público de competência para fiscalizar os estádios utilizados nas competições (Lei nº 10.671/03).

Inclusive, quanto ao Estatuto do Torcedor, o Supremo Tribunal Federal, em referência à Ação Direta de Inconstitucionalidade (ADI) 2937, rechaçou argumentação da cartolagem de que o diploma legal significava afronta aos postulados constitucionais da liberdade de associação, da vedação de interferência estatal no funcionamento das associações e, sobretudo, da autonomia desportiva.*

Dessa forma, é absolutamente concebível a ideia de submeter a Confederação Brasileira de Futebol ao controle de fiscalização apartado de seus poderes e órgãos internos, respeitando-se as garantias constitucionais sobre a liberdade de associação.

Considerações sobre regulação e controle da CBF

Considerando que a Confederação Brasileira de Futebol, estatutariamente, é definida como uma associação de direito privado, mas, deveras, desenvolve atividades de interesse eminentemente público, inclusive com poderes e prorrogativas públicas;

Considerando que não há nenhum controle externo sobre os atos praticados pela Confederação Brasileira de Futebol;

Considerando a tendência legislativa brasileira, empurrada pelo clamor social, no sentido de fortalecer a transparência e o controle sobre o patrimônio coletivo (futebol brasileiro e Seleção Brasileira de Futebol);

A Comissão Parlamentar de Inquérito – 2015 sugeriu a criação ou alteração legislativa no sentido de outorgar, expressamente, poderes de fiscalização ao Ministério Público, ao Ministério dos Esportes ou ao Tribunal de Contas sobre as atividades desenvolvidas pela Confederação Brasileira de Futebol.

* Fonte: <http://www.stf.jus.br/portal/cms/verNoticiaDetalhe.asp?idConteudo=200884>.

ORGANIZAÇÃO DO FUTEBOL: PROPOSIÇÕES

Colégio Eleitoral da CBF

O colégio eleitoral da CBF deverá ser integrado, também, por representante dos clubes das séries C e D, com direito a voto proporcional a ser regulamentado.

As propostas da presidência da CPI para a criação de um colégio eleitoral da CBF – com vistas a aumentar a representatividade dos clubes – foram atropeladas na assembleia da CBF de 23 de março de 2017, quando o seu estatuto foi alterado apenas com o voto dos presidentes das 27 federações. Além disso, ignorando a força determinante dos clubes no contexto do futebol, a CBF fixou pesos para os diferentes níveis de eleitores em suas assembleias. Assim, o voto de cada federação passou a ter peso três, totalizando 81 pontos; já os votos dos clubes das séries A terão peso dois e os da série B peso um, perfazendo 60 pontos. Com essa matemática, considerando a fidelidade das federações, mensalmente "assalariadas", o placar favorável aos interesses da CBF é de 81 a 60. Ou seja, o controle das decisões não fugirá da cúpula, nunca.

Também chama a atenção que os 40 clubes das séries A e B na assembleia da CBF representam apenas 6% das 680 agremiações ativas no país. Assim, a participação de apenas 40 clubes está bem longe de uma representatividade democrática sobre o universo do futebol nacional.

A esperteza dos cartolas da CBF observa-se, ainda, nas mudanças do estatuto, aprovadas numa "assembleia geral administrativa" em que apenas as federações têm direito a voto. Está claro que a estratégia foi espertamente admitida para reduzir a influência dos clubes sobre as decisões do futebol.

Nas propostas da presidência da CPI com vistas à modernidade da gestão do futebol consta, também, a participação de representantes do futebol feminino, dos técnicos e da arbitragem nas assembleias deliberativas da CBF.

Liga Nacional

Caberá à CBF a gestão das Seleções em todos os níveis e categorias, e à responsabilidade da Liga Nacional do Futebol a organização e gestão dos campeonatos, masculino e feminino, de todas as séries, A, B, C e D.

A organização e a promoção das principais competições nacionais de futebol são responsabilidade da CBF, como os Campeonatos Brasileiros, nas séries A, B, C e D, Copa do Brasil, Campeonatos

Sub-17, Sub-20 e seus correlatos no naipe feminino. Esse modelo centralizador foge da tendência moderna que se observa nos principais países que lideram o futebol e que organizam, por exemplo, a Premier League, Bundesliga, Major League Soccer etc.

Além de organizar e promover as competições de clubes, a CBF responde pela gestão técnica e pelo cumprimento do calendário das demais Seleções, masculina e feminina.

Foi nesse contexto que 12 dos principais times de 5 estados (Minas Gerais, Rio de Janeiro, Paraná, Santa Catarina e Rio Grande do Sul) inovaram e promoveram o torneio da "Primeira Liga", entre janeiro e abril de 2016, com relativo sucesso, embrião, quem sabe, de uma "Liga Nacional" para ser a gestora do Campeonato Brasileiro.

Não é novidade – e a CPI comprovou parte das suspeitas – que a CBF se tornou uma instituição mundialmente desacreditada, com péssima gestão e com várias frentes suspeitas de corrupção. Paralelamente, o volume de atribuições que a CBF concentra sobrecarrega as suas competências e mostra que é oportuna a redefinição de suas atribuições.

Por exemplo, a CBF deveria voltar-se prioritariamente para o planejamento de longo prazo das Seleções, a fim de tentar resgatar a imagem do futebol brasileiro e obter uma consequente evolução no ranking mundial, diante do atual desgaste e desprestígio, sem a liderança de outros tempos. Nesse sentido, propõe-se que as competições nacionais de futebol, atualmente sob a competência da CBF, sejam organizadas por uma "Liga Nacional", tendo como exemplo o Clube dos 13, que praticou o modelo de "liga" por mais de dez anos com relativo sucesso.

As "ligas" são instituições previstas na Lei Pelé. Assim, os títulos conquistados pelos clubes nas diferentes competições e em todos os níveis – profissionais e categorias menores, masculino e feminino – seriam homologados pela CBF para garantia da representatividade em eventos internacionais, quando for o caso.

Ao adotar essa proposta, a CBF limitaria as suas atribuições à gestão das Seleções masculina e feminina, tanto nas categorias menores quanto na adulta. Além disso, se dedicaria à elaboração e coordenação de políticas para incentivar a prática de futebol nas categorias de base, com o objetivo de aumentar o universo de identificação de talentos, cuja carência nos últimos anos é um dos crônicos problemas do futebol brasileiro.

Fato é que, na forma atual e pelos balanços financeiros que publica, a CBF é uma instituição rica cuja estrutura contrasta com a pobreza do futebol do interior, em especial. A distribuição de renda deve ser um dos principais pontos de análise para a reformulação do futebol, a fim de que os valores não se concentrem nas instituições mais ricas, mas sejam equitativamente distribuídos entre as agremiações que promovem, de fato, o futebol nacional.

Futebol feminino

A CBF deverá promover investimentos financeiros para incentivar a prática do futebol feminino, cujos jogos dos campeonatos poderão ser preliminares das competições masculinas.

É ainda inexpressiva a prática de futebol feminino no país, limitando-se a meia dúzia de estados. A falta de revelações de talentos reduz as chances de se formar uma Seleção à altura do nível técnico internacional. Segundo o balanço de 2015, a CBF investiu 41 milhões de reais na Seleção Feminina, isto é, menos de 10% dos 226 milhões de reais dos custos diretos com o futebol.

Na prática, temos apenas um campeonato nacional anual, com 20 clubes representantes de apenas 11 estados. Trata-se de um evento sem motivação para atrair o público, de entusiasmo e rivalidade limitados às quatro linhas. Nesse contexto tornam-se cada vez mais difíceis a identificação e a formação de atletas com vistas ao fortalecimento da modalidade. A fragilidade da prática do futebol feminino repercute na convocação de atletas para a Seleção Brasileira, que se reúne a cada dois anos – Olimpíadas e Campeonato Mundial – com limitadíssimo número de jogadoras, a maioria espalhada por clubes estrangeiros. O resultado desse abandono da categoria reflete-se no ranking da FIFA, no qual figuramos em oitavo lugar, atrás do Japão (sétimo) e ameaçados pela "potência" Coreia do Sul, apenas 23 pontos atrás da Seleção Brasileira.

Por esse motivo, sugerem-se, entre outras medidas:

- Que a CBF destine em seu orçamento mais recursos financeiros, capazes de permitir treinamentos periódicos da Seleção Brasileira, a fim de aprimorar a qualidade técnica da equipe. Para essa proposição, considerem-se os resultados positivos e progressivos registrados nos balanços anuais da entidade;
- Que a CBF incentive as federações estaduais a buscar recursos financeiros através da Lei de Incentivo ao Esporte, a fim de promover competições que motivem a massificação da modalidade;
- Que os jogos do Campeonato Nacional sejam vinculados às competições masculinas, nas séries A e B, para que o torcedor comece a criar vínculos afetivos com as equipes femininas de seus respectivos clubes no naipe masculino.

Arbitragem independente

A Comissão de Arbitragem deverá ter independência total da CBF, tanto na estrutura quanto na gestão.

A Comissão de Arbitragem está ligada à estrutura institucional da CBF, mas sem que os árbitros tenham vínculos trabalhistas, sugerindo uma disfarçada "independência" da categoria. No campo profissional, crescem as denúncias e críticas de erros, alguns influenciando diretamente os resultados de partidas. A principal referência a esses erros vem de setembro de 2005, quando a imprensa denunciou um escândalo conhecido como "Máfia do Apito". A denúncia de "venda de resultados" provocou a exoneração de dois árbitros dos quadros da CBF, Edilson Pereira de Carvalho e Paulo José Danelon.

A real falta de independência dos árbitros de futebol é um dos motivos que agravam as suspeitas de "fabricação de resultados", principalmente por possíveis pressões dos dirigentes dos clubes e da própria CBF, conforme noticiário da imprensa em diversas ocasiões. Além disso, a categoria alega que a tabela de pagamento de arbitragem imposta pela CBF obriga os profissionais a exercerem outras atividades fora das quatro linhas, a fim de complementar a renda mensal.

Sem segurança financeira, essa atividade extra influenciará o desempenho da própria arbitragem, principalmente em jogos noturnos, quando os árbitros e bandeirinhas entram em campo desgastados por uma jornada diária em outro setor. Para reduzir esse problema no esporte profissional e numa modalidade economicamente importante no contexto brasileiro, a proposta é no sentido de que a Comissão de Arbitragem seja transformada em entidade independente, sem interferência da CBF, com capacidade para que promova a autorregulamentação do setor.

Essa alternativa está prevista nos artigos 4º e 5º da Lei nº 12.867, de 2013, que regula a profissão de árbitro de futebol. Com esta iniciativa, os árbitros poderão negociar diretamente os patrocínios, função atualmente exercida pela CBF, num evidente constrangimento para a categoria.

Autonomia da Justiça Desportiva

> A Justiça Desportiva precisa proclamar, imediatamente, a sua independência, libertando-se do indevido e suspeito vínculo com a CBF.

O funcionamento da Justiça Desportiva independente das entidades de administração do esporte (confederações e federações) é tema de longo e exaustivo debate, sem que se concretize a legal independência ou autonomia.

A Justiça Desportiva está resguardada nos artigos 217, parágrafos 1º e 2º da Constituição Federal e em legislações específicas, como a Lei Pelé (nº 9.615/98), que reza:

Artigo 52: Os órgãos integrantes da Justiça Desportiva são autônomos e independentes das entidades de administração do desporto de cada sistema, compondo-se do Superior Tribunal de Justiça Desportiva, funcionando junto às entidades nacionais de administração do desporto; dos Tribunais de Justiça Desportiva, funcionando junto às entidades regionais da administração do desporto, e das Comissões Disciplinares, com competência para processar e julgar as questões previstas nos Códigos de Justiça Desportiva, sempre assegurados a ampla defesa e o contraditório.

Porém, o que se observa é a Justiça Desportiva totalmente dependente das entidades de administração do esporte, revelando-se uma relação promíscua que resulta, em algumas ocasiões, em decisões judiciais altamente suspeitas de isenção institucional e legalidade jurídica.

Na CBF, em especial, o órgão judicial integra a sua estrutura institucional, numa flagrante agressão às normas legais e levantando suspeitas de pressões hierárquicas dos dirigentes sobre os magistrados, procuradores e/ou auditores.

Assim, por questões legais, de lisura e transparência, a Justiça Desportiva deve se tornar autônoma e independente da CBF, institucional e financeiramente, a fim de lhe conferir a legalidade da legislação vigente.

Paralelamente, propõe-se a realização de concursos para o preenchimento das vagas de auditores e procuradores desportivos, tal como já ocorre no Judiciário e no Ministério Público.

Em junho de 2016, o jornalista Silvio Barsetti, do portal Terra, publicou um artigo* sobre a influência do presidente da CBF sobre o STJD, constrangendo a composição do tribunal e demonstrando nitidamente que pode haver influência na decisão de um ou outro caso. Segundo Barsetti:

> [...] a indicação pessoal do presidente da CBF, Marco Polo Del Nero, do nome de sua amiga, a advogada Michele Ramalho, para compor o quadro do Superior Tribunal de Justiça Desportiva (STJD) tem causado desconforto entre federações estaduais e alguns clubes. Michelle é desafeta do presidente da Federação da Paraíba, Amadeu Rodrigues, com quem travou um embate, via justiça, que culminou na

* Fonte: <http://www.jb.com.br/esportes/noticias/2016/06/22/ingerencia-da-cbf-no-stjd-liga-alerta-em-clubes-e-federacoes/>.

prorrogação do campeonato local por quase um mês. Del Nero estaria dando apenas os primeiros passos para aumentar a influência da CBF no STJD a partir de julho, quando vários auditores serão substituídos e uma eleição definirá seu novo presidente. Essa ingerência direta da CBF no tribunal seria o principal motivo da resistência de federações, que já contam com o apoio de alguns clubes.

Uma semana depois, o mesmo jornalista publicou:*

O presidente da CBF não está nem aí para a autonomia do Superior Tribunal de Justiça Desportiva (STJD). Por isso, já dá como definida a eleição de 14 de julho, que vai indicar o novo presidente do tribunal: salvo mudança de última hora, ele será Ronaldo Botelho Piacente, aliado do mandatário da confederação, Marco Polo Del Nero.

Não houve surpresa, o jornalista estava correto: Piacente foi eleito presidente do STJD. Já para a procuradoria geral foi escolhido Felipe Bevilacqua, o preferido de Del Nero na lista tríplice que encaminhou ao colegiado.

Calendário

É urgente a adoção de um calendário que não sacrifique os clubes da elite do futebol, enquanto despreza e prejudica as instituições das séries inferiores.

* Fonte: <https://www.terra.com.br/esportes/cbf-vai-emplacar-presidente-e-procurador-do-stjd,0a1be3a102978e903749fb7717d6538642yaeyxl.html>.

Outro problema do futebol brasileiro que sugere frequente debate é o calendário anual adotado pela CBF. O modelo, que se renova há anos, envolve catorze campeonatos nas categorias profissionais e inferiores. Esse sistema submete os jogadores, na maioria dos eventos, a uma maratona de viagens para disputas, muitas vezes em competições simultâneas, como os campeonatos regionais (Gaúcho, Carioca, Paulista, Mineiro etc.), Copa do Brasil, Brasileirão, Libertadores. Os deslocamentos constantes das delegações, inclusive para grandes altitudes, no caso dos clubes que disputam a Libertadores, contribuem para a frequência de lesões e prejudicam a recuperação dos atletas, repercutindo no desfalque dos plantéis, no desempenho das equipes e consequente queda na qualidade técnica dos jogos. Além disso, o excesso de jogos e competições simultâneas, algumas sem atrativo maior, provoca a evasão de torcedores e baixíssimas rendas, com prejuízos aos clubes participantes. Para agravar esse quadro, o calendário da CBF choca-se com o europeu, o que impede que os clubes nacionais acertem amistosos com estrangeiros, principalmente na pré-temporada. Outra consequência do modelo atual é a falta de sintonia com o "Primeiro Mundo" do futebol, provocando, também, a evasão de jogadores em plena realização de nossa principal competição, o Campeonato Brasileiro.

Nesse panorama, é inadiável a mudança de rumos com base em estudos e discussões com todos os segmentos do futebol, a fim de se obter um modelo que atenda aos clubes prioritariamente, evitando, entre outras medidas, a negociação de jogadores em "janelas" que abrangem a principal competição nacional. Essas transações já se mostraram inoportunas, pois desfalcam os clubes e reduzem a qualidade técnica da competição. Nesse sentido, propõe-se que o estudo elaborado pelo Bom Senso F.C. seja o ponto de partida para um debate nacional com representantes de federações, clubes, técnicos e árbitros. Caberia à Secretaria de Futebol do Ministério do Esporte coordenar esse debate, que se sugere regionalizado antes de uma plenária nacional para a aprovação da proposta final.

Representação dos atletas

Os atletas masculinos e femininos, técnicos e árbitros devem ter representantes nos órgãos colegiados da CBF.

É impossível a prática esportiva sem a presença do atleta, como já comentei. Ele é o principal agente na estrutura do esporte. Sem ele não há razão para a existência de clubes, federações ou confederações. No entanto, a CBF, que integra o Sistema Nacional do Esporte, não conta em sua assembleia com representantes dos atletas. Essa realidade significa que o mais importante elemento na cadeia esportiva está ausente da tomada de decisões do futebol brasileiro. Sem direito a voz ou voto na instituição onde ele, atleta, tem o seu registro profissional, as medidas adotadas pela CBF ou pelas federações são capengas e autoritárias.

É importante registrar que o Conselho Nacional do Esporte, órgão consultivo do Ministério do Esporte, há muito acolhe representantes dos atletas em seu colegiado. Isso já seria indicativo para que a CBF repercutisse o exemplo superior.

Não fosse pelo princípio democrático da representatividade para o debate e a tomada de decisões principalmente, a CBF precisa cumprir a Lei nº 13.155/2015, que "estabelece princípios e práticas de responsabilidade fiscal e financeira e de gestão transparente e democrática para as entidades desportivas profissionais de futebol".

O artigo 5º dessa lei estabelece que os clubes que aderirem ao Programa de Refinanciamento Fiscal (Profut) deverão garantir "a representação da categoria de atletas no âmbito dos órgãos e conselhos técnicos incumbidos da aprovação de regulamentos das competições". E são em torno de cem clubes vinculados ao Profut.

Porém, mesmo depois de a lei ter sido sancionada (4 de agosto de 2015), a CBF ainda não cumpriu a exigência legal. Além de driblar o princípio democrático da representatividade, a direção da CBF não cumpre as normas aprovadas e sancionadas pelos poderes da República.

Democratização das imagens do futebol

A CBF deve combater o monopólio das imagens do futebol e democratizar as negociações de direitos de transmissão de eventos por ela oficializados.

O CADE (Conselho Administrativo de Defesa Econômica) analisa, desde maio de 2016, a legalidade do monopólio das transmissões do futebol pela Rede Globo de Televisão. A exclusividade abrange os principais campeonatos regionais e nacionais, com pacotes de longo prazo para os clubes.

Há muito, o noticiário denuncia irregularidades no processo, com infrações que limitam a participação democrática de outras emissoras na concorrência por imagens do futebol, infringindo o princípio da livre concorrência. Além disso, as denúncias são no sentido de que as transmissões garantem exclusividade não só para a TV aberta, mas para a TV paga e internet. Enquanto o CADE analisa essas denúncias, deve-se considerar, também, se é exigência da Globo a realização de partidas no meio de semana, com início conforme sua grade de programação, isto é, com jogos iniciando-se às 22 horas, numa evidente agressão ao torcedor, que, desmotivado, foge dos estádios.

O CADE nega ter aberto um processo formal. "Após instrução inicial", diz o órgão, "o procedimento preparatório pode ser transformado em inquérito administrativo ou arquivado". O órgão diz não haver um "prazo" para decisão sobre a abertura ou não do inquérito.

A proposição da CPI é que seja garantida a participação de todas as emissoras de TV interessadas na disputa comercial pelas imagens do futebol. A livre concorrência é princípio democrático que não pode ser ignorado; além disso, a concorrência legal sugere a valorização das transmissões, com efeitos diretos de interesse dos clubes. Ainda sobre esse tema, a CPI propõe que deve ser assegurada à emissora de televisão pública o direito de transmissão de jogos da Seleção Brasileira em todas as suas categorias, masculina e feminina.

Balanço financeiro

Os membros do colégio eleitoral da CBF devem receber o balanço anual para análise, com trinta dias de antecedência da data da reunião de votação do documento.

Compete à assembleia a aprovação do balanço financeiro anual da CBF. Porém, a intimidade do colégio eleitoral com a cúpula da entidade atropela a devida análise contábil e documental. Esse desinteresse não oferece segurança para que se possa garantir total legalidade nos gastos da entidade. Isso ocorre porque os eleitores (presidentes de federações, entre eles) são contemplados com verbas mensais da CBF, como já se explicou.

Por esse motivo, a proposta é no sentido de que o balanço financeiro anual da CBF seja encaminhado a todos os membros do colégio com antecedência mínima de trinta dias da assembleia. Ao longo desse período, os documentos comprobatórios de receitas e despesas referentes ao balanço em análise deverão estar à disposição de todos os eleitores na sede da CBF.

Patrocínios

A CBF deve proibir a publicidade e o patrocínio de bebidas alcoólicas e cigarros em clubes, uniformes e eventos esportivos oficializados pela entidade.

As bebidas alcoólicas e o fumo são incompatíveis com o preparo e o desempenho físico dos atletas. São produtos reconhecidamente prejudiciais à saúde, e por isso devem ser proibidos de patrocinar quaisquer iniciativas do futebol.

Segundo o IBGE, jovens de 18 a 29 anos respondem por 40% do consumo de bebidas alcoólicas no país. Esse grupo representa 22% da população brasileira e participa da massa de torcedores do futebol, disponível para ser influenciada por opções e sugestões de seus ídolos.

A Seleção Brasileira e a transparência

É proibida a participação de empresários e/ou agentes do futebol na Comissão Técnica da Seleção Brasileira.

A Seleção Brasileira de Futebol não é e não pode se transformar em balcão de negócios, nem servir de vitrine para facilitar transações de atletas. Na convocação dos jogadores para a 100ª Copa América, em 2016, o ex-jogador Zico criticou o fato de a Seleção ter, entre os seus dirigentes, pessoas intimamente vinculadas à negociação de jogadores.

"Seleção não é um balcão de negócios. Mas temos lá um empresário do futebol comandando", disse ele, referindo-se ao ex-goleiro Gilmar Rinaldi.

Assunto debatido a cada convocação, é real a convivência de nossos atletas com empresários ou agentes do futebol nos ambientes da concentração – hotéis, por exemplo. Essa proximidade, que permite a oferta de propostas para a troca de clubes, já se mostrou inoportuna e desastrosa, com reflexos, inclusive, no desempenho de um ou outro jogador.

CPI: SUGESTÕES PARA INDICIAMENTOS

Depois de duas centenas de páginas com revelações que mostram os descaminhos do futebol profissional no Brasil, chego ao penúltimo capítulo deste livro com propostas para indiciamentos.

As provas reunidas pela CPI do Futebol, em quase um ano e meio de trabalho, mostraram a autoria e a materialidade de uma série de crimes praticados por aqueles que têm comandado a Confederação Brasileira de Futebol nas últimas décadas.

Particularmente, estou convencido da veracidade dos fatos contidos no relatório alternativo da CPI do Futebol – 2015. E isso me obriga, por dever parlamentar, a encaminhar às autoridades e, em particular, à Procuradoria-Geral da República (PGR), os nomes preliminarmente analisados, para que sejam indiciados e, assim, respondam também às dúvidas que deixaram de esclarecer à CPI.

MARCO POLO DEL NERO

Incluso nas penas do artigo 171 do Código Penal Brasileiro – estelionato; artigo 1º e incisos da Lei nº 8.137/90 – crime contra a ordem tributária; artigo 22, parágrafo único, da Lei nº 7.492/86 – crime contra o Sistema Financeiro Nacional; artigo 1º da Lei 9.613/98 – lavagem de dinheiro; artigos 1º e 2º da Lei nº 12.850/13 – organização criminosa; e artigo 350 da Lei nº 4.737/65 c/c artigo 24, inciso IX, da Lei nº 9.504/97 – crime eleitoral, considerando o seu envolvimento nas infrações penais listadas nos capítulos referentes à compra da sede da CBF; ao caso FIFA; Del Nero e a Operação Durkheim; e ao financiamento não declarado de campanhas eleitorais pela CBF (caixa dois);

JOSÉ MARIA MARIN

Incluso nas penas do artigo 171 do Código Penal Brasileiro – estelionato; artigo 1º e incisos da Lei nº 8.137/90 – crime contra a ordem tributária; artigo 22, parágrafo único, da Lei nº 7.492/86 – crime contra o Sistema Financeiro Nacional; artigo 1º da Lei nº 9.613/98 – lavagem de dinheiro; artigos 1º e 2º da Lei nº 12.850/13 – organização criminosa; e artigo 299, do Código Penal Brasileiro – falsidade ideológica, considerando o seu envolvimento nas infrações penais listadas nos capítulos referentes à compra da sede da CBF; ao caso FIFA; e ao acordo fraudulento juntado no Superior Tribunal de Justiça – STJ;

RICARDO TERRA TEIXEIRA

Incluso nas penas do artigo 171 do Código Penal Brasileiro – estelionato; artigo 1º e incisos da Lei nº 8.137/90 – crime contra a ordem tributária; artigo 22, parágrafo único, da Lei nº 7.492/86 – crime contra o Sistema Financeiro Nacional; artigo 1º da Lei nº 9.613/98 – lavagem de dinheiro; artigos 1º e 2º da Lei nº 12.850/13 – organização criminosa; e artigo 350 da Lei nº 4.737/65 c/c artigo 24, inciso IX, da Lei nº 9.504/97 – crime eleitoral, considerando o seu envolvimento nas infrações penais listadas nos capítulos referentes ao caso FIFA e ao financiamento não declarado de campanhas eleitorais pela CBF (caixa dois);

GUSTAVO DANTAS FEIJÓ

Incluso nas penas do artigo 350 da Lei nº 4.737/65 c/c artigo 24, inciso IX, da Lei nº 9.504/97 – crime eleitoral, considerando o seu envolvimento nos ilícitos penais listados no capítulo referente ao financiamento não declarado de campanhas eleitorais pela CBF (caixa dois);

ANTONIO OSÓRIO RIBEIRO LOPES DA COSTA

Incluso nas penas do artigo 171 do Código Penal Brasileiro – estelionato; e artigo 350 da Lei nº 4.737/65 c/c artigo 24, inciso IX, da Lei nº 9.504/97 – crime eleitoral, considerando o seu envolvimento nas infrações penais relacionadas nos capítulos referentes à compra da sede da CBF e ao financiamento não declarado de campanhas eleitorais pela CBF (caixa dois);

CARLOS EUGÊNIO LOPES

Incluso nas penas do artigo 299 do Código Penal Brasileiro – falsidade ideológica, considerando o seu envolvimento no ilícito penal apontado no capítulo referente ao acordo fraudulento juntado no Superior Tribunal de Justiça – STJ;

MARCUS ANTONIO VICENTE

Incluso nas penas do artigo 299 do Código Penal Brasileiro – falsidade ideológica, considerando o seu envolvimento no ilícito penal apontado no capítulo referente ao acordo fraudulento juntado no Superior Tribunal de Justiça – STJ, ressalvada prerrogativa constitucional prevista no artigo 102, inciso I, alínea b, da Constituição Federal de 1988;

JOSÉ HAWILLA

Incluso nas penas do artigo 171 do Código Penal Brasileiro – estelionato; artigo 1º e incisos da Lei nº 8.137/90 – crime contra a ordem tributária; artigo 22, parágrafo único, da Lei nº 7.492/86 – crime contra o Sistema Financeiro Nacional; artigo 1º da Lei 9.613/98 – lavagem de dinheiro; e artigos 1º e 2º da Lei nº 12.850/13 – organização criminosa, considerando o seu envolvimento nos ilícitos penais listados no capítulo referente ao caso FIFA; e

KLEBER FONSECA DE SOUZA LEITE

Incluso nas penas do artigo 171 do Código Penal Brasileiro – estelionato; artigo 1º e incisos da Lei nº 8.137/90 – crime contra a ordem tributária; artigo 22, parágrafo único, da Lei nº 7.492/86 – crime contra o Sistema Financeiro Nacional; artigo 1º da Lei 9.613/98 – lavagem de dinheiro; e artigos 1º e 2º da Lei nº 12.850/13 – organização criminosa, considerando o seu envolvimento nos ilícitos penais listados no capítulo referente ao caso FIFA.

O JOGO NÃO ACABOU

O relatório alternativo que apresentei como voto em separado na CPI do Futebol – 2015 exigiu um exaustivo trabalho de investigação. E todas as informações e conclusões ali contidas têm base em dados oficiais.

A principal evidência é a necessidade de que o Parlamento Nacional e os órgãos de controle do nosso país estabeleçam critérios para uma permanente fiscalização da Confederação Brasileira de Futebol, que possui indisfarçável caráter público ao dispor de símbolos e patrimônios nacionais.

Ademais, subvenções como a renúncia fiscal concedida ao COL, cujo sócio majoritário é a própria CBF, indicam a imposição legal dessa medida.

A última sessão

No momento em que o povo brasileiro conclama por medidas contra a corrupção, o relatório da CPI do Futebol – 2015 constitui peça importante para instrumentalizar o afastamento definitivo daqueles que atentam contra o futebol do Brasil, genuinamente entendido como patrimônio público nacional.

Não estranhei quando vi a sala lotada na última sessão da CPI, em 7 de dezembro de 2016. Foi uma das mais frequentadas das 36 reuniões realizadas em um ano e meio de trabalho. Na ordem do dia estava a votação do relatório oficial, do senador Romero Jucá, e a apresentação do relatório alternativo, meu voto em separado com o senador Randolfe Rodrigues.

Tanto movimento me deu uma satisfação muito grande, pois com um relatório alternativo sólido de 1.024 páginas, recheado de fatos e provas sobre a corrupção na CBF e no COL, apesar de todas as dificuldades impostas pela Bancada da CBF, eu pude olhar para cada um dos meus opositores como a lhes dizer, de cabeça erguida: "Vocês tentaram, mas a CPI não melou".

É preciso repetir: não conseguiram. Esvaziaram o plenário quando quiseram e marcaram presença quando ordenados pelo poderoso *lobby* da CBF; foram à Justiça, com sucesso em alguns casos, mas perderam, como nas quebras de sigilos bancários dos principais cartolas, peças que nos revelaram operações da máfia na CBF e no COL, e que explora a imagem da Seleção Brasileira para ganhos milionários.

Já em nível político, a oposição à CPI conseguiu travar as investigações no melhor momento das análises da equipe técnica.

Para isso, contou com um aliado decisivo, o senador Renan Calheiros, amigo íntimo e ex-chefe do lobista da CBF, Vandenbergue Machado – o tal "amarra-cachorro", o serviçal –, figura nefasta aos interesses do bom futebol que nunca deve ser esquecida.

A partir de abril de 2016, com um ambiente político tenso, agravado pelo processo de impeachment da presidente Dilma Rousseff, a CPI não voltou às audiências para os esclarecimentos de que a equipe técnica precisava. Isso não impediu que se avançasse nas análises e constatações dos documentos até então obtidos, como demonstrei.

Na verdade, a cartolagem fugiu de dar explicações sobre os seus atos. Além de corruptos, ladrões e mentirosos, são covardes.

Naquela sessão de 7 de dezembro, oito senadores estavam presentes no último encontro da CPI do Futebol – 2015, entre eles Romero Jucá, o relator, apoiado pela tropa de choque da CBF.

No plenário a movimentação era intensa, inclusive de amigos próximos aos cartolas, como Weber Magalhães, ex-vice-presidente da CBF, e o deputado Vicente Cândido (PT-SP), diretor da área internacional. O *lobby* foi reforçado no dia anterior com o secretário-geral, Walter Feldman, que veio do Rio de Janeiro para visitar um por um dos senadores aliados. Na conversa, Feldman confirmava a presença dos aliados na sessão do dia seguinte. Queria garantir o quórum para aprovar o relatório do senador Romero Jucá. E assim foi: estavam todos lá, inacreditavelmente obedientes. Foram parceiros fieis da submissão explícita e vergonhosa. Triste!

Eram dois relatórios: o oficial, protocolar, e o meu, investigativo. O relatório de Jucá era "chapa branca", ameno, sem proposta de indiciamento e com apenas algumas sugestões. Era um documento tão superficial que já estava pronto em 5 de maio, sete meses antes do final dos trabalhos.

Na sessão final, o senador Ciro Nogueira tentou evitar a leitura do meu relatório. Era a segunda vez que ele demonstrava interesse em defender a CBF, depois que barrou o avanço da CPI, alegando votação ilegal de convocações de cartolas. Dessa vez, não conseguiu, e o senador Randolfe Rodrigues leu o voto em separado, que ele também assinou.

Randolfe sintetizou as conclusões em apenas seis páginas. Com tom de voz acusatório e como se estivesse lendo a folha corrida de bandidos, ele citou os nomes de cada um dos identificados como suspeitos de envolvimento em corrupção, dos quais se pedia indiciamento. A quadrilha da CBF estava, enfim, revelada.

Na última parte da sessão, sugeri anexar os dois relatórios em aprovação única, mas Romero Jucá rejeitou. Apesar da negativa, o documento alternativo chegou às principais autoridades: Ministério Público Federal, Polícia Federal, Procuradoria Geral da República, Banco Central, Ministério da Justiça, FIFA, entre outros. Espero que o utilizem e ajam.

Encerrada a sessão, a secretaria da CPI colocou os dois relatórios na internet, e em poucos minutos o documento alternativo que apresentei ganhava destaque nos principais portais, alguns internacionais dos Estados Unidos, Inglaterra, Itália, Espanha, Portugal e Finlândia... A CPI não melou.

Assim, fecho o mais importante capítulo, até agora, de minha ainda recente jornada como político. Com o apoio de apenas dois senadores, Randolfe Rodrigues e Paulo Bauer, também vice-presidente da CPI, e de uma eficiente equipe, consegui produzir um mapa completo e atualizado da corrupção no futebol brasileiro. Lamentavelmente, a corrupção continua, crescente, organizada e além-fronteiras. E comprovei a tese que me inspirou a pedir a CPI: a CBF abriga uma máfia que usa o nosso principal patrimônio esportivo para benefício próprio.

O encerramento dos trabalhos e o final deste livro não esgotam o assunto. A investigação precisa continuar. Agora, por iniciativa das autoridades públicas que receberam o relatório alternativo. Se o conjunto de evidências que levantamos for aprofundado pela Justiça brasileira, botaremos esses criminosos atrás das grades.

Para os cartolas, a beleza do futebol, que também pratiquei, tem valor maior como negócio sujo e corrupto. Então, para derrotar essa máfia, eu me escalo e continuo em campo. Contem comigo, sempre.

Sou da paz, mas na guerra funciono melhor.

Este livro foi composto em Adobe Garamond Pro e impresso
pela Grafica RR Donnelly para a Editora Planeta do Brasil em setembro de 2017.